英語学習のための
情報リテラシーブック

西納春雄 著

大修館書店

は じ め に

　現代は「情報化時代」と言われます。コンピュータをはじめとする情報通信機器とネットワークの発達によって、私たちはこれまでにない規模とスピードで情報を得たり、発信したりすることができるようになりました。英語に関する情報も同様です。一昔前には、英語は教科書か輸入本・雑誌でしか読むことができず、耳から入る英語も限られたラジオ放送だけ、という時代がありました。ところが現在では、インターネットやコンピュータの発達によって、世界のどこにいても、ネイティブスピーカーと同じような情報環境に身を置くことができるようになっています。しかしながら、このような環境は、英語学習者にとっては諸刃の剣ということができます。というのは、これまでは英語に関する情報は、教科書や限られたチャンネルを通して伝わってくる「良質」なものに限定され、それらを受け身的に学習していればよかったのですが、現在は様々な生の英語情報に自らアクセスして、それらの中で情報の質を見分け、目的や課題に合致する情報を取得することが、個々人に求められているからです。英語が8割といわれるこのような情報環境の中で、何から手を付けていいのか、何をどのように選択すればいいのか、迷っている方々も多いのではないでしょうか。

　本書は、このような環境において、コンピュータやインターネットを利用しながら、利用者の側が主体的に情報を取捨選択し、自立的な英語学習者となる力を付けるためのワークブックです。つまり、本書は、最新の情報機器と情報環境を利用して、効率的に英語の情報源を渉猟し、それをもとに学習者の皆さんの英語能力を高める手助けをすること、すなわち「コンピュータとインターネットを利用した総合的な英語力の向上」を目的としています。ここで大切になるのは、そのための適切な「リテラシー」を身に付けることです。「リテラシー」というのは本来、基本的な読み書き能力のことですが、コンピュータとインターネットが発達した現在では、「リテラシー」は次の3つの種類に分類することができるでしょう。それは、コンピュータの基本操作、ハードウェアやソフトウェアの基本的利用法（コンピュータ・リテラシー）、コンピュータ・ネットワークの中から必要な情報を取り出して自分の知的生産に役立てる方法（インフォメーション・リテラシー）、情報の中から本当に役立つ情報を見分ける力、および情報と社会との関係や情報活動の倫理的意味を考える力（メディア・リテラシー）です。このワークブックは、これからの世界に必須の、これらの「リテラシー」の技術を、英語を素材にしながら養うことも目標に置いています。

　コンピュータとインターネットは、しっかりとした目的を持ち、利用法を心得るならば、皆さんの知的な活動の効率を高め、知識を深めるのに役立つでしょう。しかし、目的がはっきりしないまま利用すると、いたずらに時間を浪費するばかりでなく、金銭的な被害を被ったり、場合によってはネットワーク上の犯罪に巻き込まれることにもつながりかねません。本書によって、利用の方法とマナーを理解し、英語の能力を高めると同時に、すぐれた「リテラシー」を備えたコンピュータユーザー、ネットワーカーになることを願っています。

　なお、本書の内容は、各大学の情報センターなどが発行するガイドブックと共に利用することを意図しています。必要に応じてそれらのガイドブックを参照してください。

　本書の出版に際しては、大修館書店編集部の飯塚利昭氏に大変お世話になりました。また、同志社大学の山内信幸氏からは内容に関して貴重な助言をいただきました。記して心より感謝いたします。

2005年3月　著者

本書の使い方

　本書は、皆さんが日頃から使っているコンピュータとインターネットを、英語の上達に活かす方法を手引きするガイドブックです。大学でのCALLラボあるいは情報処理室を使った英語授業で利用することを前提として編集していますが、高校生から大学生、さらに社会人や家庭にあって英語を上達させようとする方々にも役立つように工夫しました。高度な情報処理環境が日常生活の中に入り込んできた現在では、英語を読み、書き、聞き、話す力を伸ばす機会は、教室の中だけでなく、仕事の場にも家庭にもあります。コンピュータとインターネットを使う方ならば、教室での授業でも自学自習でも役に立つガイドブックとなることでしょう。

　本書は、コンピュータの基本的な操作から、英語表現の検索、上級リスニングに至るまで、Lessonが進むにつれてより高度な内容が学習できるよう、体系的に構成してありますが、一方で、いくつかのモジュール（構成部分）に分割できるようにも編集してあります。したがって、体系的に学ぶ方法と、モジュール別に学ぶ方法の2つの方法、あるいはそれらを組み合わせた方法で学ぶことができます。

　教室での利用で、ほぼ同じリテラシーを持つ学習者がそろう場合には、Lessonの順に基礎から応用まで段階的に学習を進めることが考えられます。一方で、教室内の学習者の個人差が大きい場合、あるいは個人が自習する場合には、個々の学習者のリテラシーの程度に応じて、レベルに合ったところから始めることが効果的でしょう。また、特に強化したい部分があれば、そのモジュールを重点的に学習して効果を上げることもできます。例えば、コンピュータをある程度使い慣れた方ならば、Lesson 1-4のコンピュータの基本操作をスキップして、Lesson 5のパラグラフライティングから始めてもよいでしょう。また、パラグラフライティングを習得している方ならば、Lesson 7のエッセイライティングから始めることも考えられます。

　いずれの学習方法においても、必要が生じれば、Lessonを飛び越えて、必要な箇所を学習することが望まれます。例えば、パラグラフライティング（5-6, 8）に集中して練習し、上達したところで、電子メールを利用して（12, 13）メーリングリストに参加することも考えられますし、エッセイライティングの過程で（5-6, 7, 8）、英語表現の検索（21-22）を試みることも考えられます。また、インターネット上の記事やリスニング素材を入手して（24-25, 26-27）、その内容を紹介するプレゼンテーションを行う（14-15）ことも考えられます。表計算ソフトを利用した単語帳の作成（23）や電子辞書の使い方（31）は、どのレベルの学習にも取り入れたい活動です。体系的に学ぶ場合でも、モジュール的に学ぶ場合でも、柔軟で創造的な学習を試みてください。このような、しなやかさと創造性が、コンピュータやインターネットで英語を学ぶ際には必要となります。

　以下に本書の基本的な構成を、Lessonに沿って紹介します。モジュールの概要を理解しましょう。

　　Lesson 1-4：コンピュータの基本操作、基本ソフトの利用法
　　Lesson 5-8：パラグラフライティングからエッセイライティング
　　Lesson 9-11：ホームページ閲覧と作成、公開
　　Lesson 12-13：電子メールの利用法
　　Lesson 14-15：プレゼンテーション
　　Lesson 16：Web英語のリーディング

Lesson 17-19：インターネットの情報検索
Lesson 20-22：文献検索と英語表現検索
Lesson 23：単語の整理
Lesson 24-25：Web情報の評価
Lesson 26-27：Webからニュースを取得
Lesson 28-30：Web英語のリスニング
Lesson 31：電子辞書の使いこなし

以上のLessonを学習活動を中心に構成すると、以下のようになります。

コンピュータとネットワーク
　Lesson 1-4, 9, 11

英語の学習
　英語の基本 Lesson 5-8, 23, 31
　読む Lesson 9, 16, 20-22, 17-19
　書く Lesson 5-8, 10, 12-13, 14-15, 20-22
　聞く Lesson 26-27, 28-30
　話す Lesson 14-15

調べる・評価する
　調べる Lesson 17-19, 20-22, 31
　評価する Lesson 6, 17-19, 24-25

体系的に学ぶ場合でも、モジュールに重点を置いて学ぶ場合でも、時間を作って、一度順序に沿ってすべてのLessonに目を通すことをおすすめします。いずれのLessonにおいても、何か自分のうちに欠けている、あるいは弱点となっているものが発見できるはずです。それを入念に補強していきましょう。それぞれのLessonの、特に基本的と思われる箇所には、チェックボックス（□）を付けてありますので、学習して確実に理解し身に付いた時に、チェックマークを入れて（☑）確認しましょう。例えば、Lesson 4 の「ショートカットキー」の利用法や、Lesson 5-6 の「プロセスライティング」の方法は、何度も復習することをおすすめします。チェックマークがない場合にも、一つひとつの項目について、身に付いたかどうか確認してください。また、各Lessonには課題を設けましたが、唯一の「正解」があるものは少ないので、個人で学習する場合、特にライティングを試みる場合には、できれば書いたものを読んでくれる方が身近にいることが望ましいです。

　本書の執筆は、筆者が勤務先の同志社大学のCALLクラスでの指導を補助するために作成したハンドアウトの作成から始まりました。その後、『大学生のための情報リテラシーブック』というタイトルで冊子としてまとめ、改訂を重ねて本書の形で出版に至ったものです。その過程において参照した文献およびインターネット上の情報のうち、特に実践面で示唆を受け、学習者の皆さんにも有益と思える文献は、巻末に参考文献として掲載しました。その他の情報源や理論面を支える文献などは、本書をサポートするホームページに紹介して感謝の意を表したいと思います。ホームページのURLは以下の通りです。

　http://muse.doshisha.ac.jp/literacy/

目　　次

Lesson 1　　コンピュータ操作の基本 ……………………………………………………… 1
Lesson 2　　ソフトウェアを起動し、利用する（MIKATYPE、Microsoft Wordなど）……… 4
Lesson 3　　コンピュータのリソース（ハードウェア構成）と文字入力 ………………… 6
Lesson 4　　Word の起動と文書の呼び出し・印刷・編集操作 …………………………… 8
　コラム　　ローマ字入力について ……………………………………………………………… 11
Lesson 5　　英文文書作成の基本（自己紹介文の作成）1 …………………………………… 12
Lesson 6　　英文文書作成の基本（自己紹介文の作成）2 …………………………………… 16
　コラム　　論理的なパラグラフを書くために ………………………………………………… 19
Lesson 7　　英文エッセイの作成 ……………………………………………………………… 20
　コラム　　つなぎ言葉（Transitional Words and Phrases）………………………………… 21
Lesson 8　　コンピュータで書く（自己紹介文の完成）……………………………………… 22
　コラム　　書式の重要性 ………………………………………………………………………… 25
　コラム　　十戒 …………………………………………………………………………………… 25
Lesson 9　　Webブラウザの利用 ……………………………………………………………… 26
Lesson 10　ホームページ作成入門（Netscape Composerを使って）……………………… 28
　コラム　　絶対パスと相対パスを理解する …………………………………………………… 31
Lesson 11　ファイル転送を学ぶ（FTPの使い方）…………………………………………… 32
Lesson 12　電子メールの利用 1（基本）……………………………………………………… 34
Lesson 13　電子メールの利用 2（応用）……………………………………………………… 36
Lesson 14　プレゼンテーション（口頭発表）の心得 1 ……………………………………… 38
Lesson 15　プレゼンテーション（口頭発表）の心得 2 ……………………………………… 40
Lesson 16　英語リーディングの工夫 ………………………………………………………… 42
Lesson 17　Webで情報検索 …………………………………………………………………… 44
Lesson 18　ディレクトリ・サービス（もっと詳しく知ろう）……………………………… 46
Lesson 19　サーチ・エンジン（もっと詳しく知ろう）……………………………………… 48
　コラム　　Webページを文字検索 ……………………………………………………………… 49
Lesson 20　オンライン文献目録検索 ………………………………………………………… 50
Lesson 21　英語表現の検索 1（Webページをコーパスと見なして）……………………… 52
Lesson 22　英語表現の検索 2（コーパス検索サービスを利用して）……………………… 56
　コラム　　オンラインコーパスサービスを使った検索の実際 ……………………………… 58
　コラム　　コーパスを作る ……………………………………………………………………… 59
Lesson 23　表計算ソフトの利用（単語帳として利用する）………………………………… 60
　コラム　　WordとExcelの連携 ………………………………………………………………… 61
Lesson 24　インターネットから得た情報を評価する 1 …………………………………… 62
Lesson 25　インターネットから得た情報を評価する 2 …………………………………… 64
　コラム　　情報評価の実際　1　2 ……………………………………………………………… 66
Lesson 26　インターネットを経由したニュース記事の取得 1 …………………………… 68
Lesson 27　インターネットを経由したニュース記事の取得 2 …………………………… 70
　コラム　　ニュース記事取得の実際 …………………………………………………………… 72

Lesson 28	インターネットを利用した英語リスニング 1	74
Lesson 29	インターネットを利用した英語リスニング 2	76
Lesson 30	インターネットを利用した英語リスニング 3	78
Lesson 31	オンライン辞書・電子辞書を使いこなす	80

Appendix 1	プロセスライティングの基本を確認する	82
Appendix 2	プレイジャリズム（剽窃）の戒め	82
Appendix 3	電子メールのマナー 1（常識的な心得）	83
Appendix 4	電子メールのマナー 2（表現について）	84
Appendix 5	電子メールのマナー 3（被害にあわない、迷惑をかけないために）	85
Appendix 6	メーリングリスト利用上のマナー	86
Appendix 7	Webページの画像の保存	87
Appendix 8	Webページの保存	87
Appendix 9	Webブラウザの文字化け対策	88
Appendix 10	Webブラウザ利用時におけるセキュリティ	88
Appendix 11	「お気に入り」や「ブックマーク」の利用法	89
Appendix 12	コンピュータウィルスとコンピュータの安全対策	89
Appendix 13	Webページ上のデータの表計算ソフトへの取り込み	90
Appendix 14	オンライン・ソフトウェアを使おう	91
Appendix 15	オンライン・ソフトウェアのダウンロードとインストール	92
Appendix 16	英語学習に役立つオンライン・ソフトウェア	95
Appendix 17	世界と日本の時事記事提供サイト	96
Appendix 18	図書館の利用（チェックリスト）	97
Appendix 19	文献検索結果の保存	97
Appendix 20	フロッピーディスク以外の外部記憶媒体について	98
Appendix 21	英語学習のためのインターネットリソース	99
Appendix 21-1	タイピング	99
Appendix 21-2	発音の基礎とリスニング（初級向け）	99
Appendix 21-3	リスニング（中級・上級者向け）	100
Appendix 21-4	リスニング（上級者・一般向け）	100
Appendix 21-5	語彙	102
Appendix 21-6	レファレンス	103
Appendix 21-7	時事記事	104
Appendix 21-8	趣味・娯楽	104
Appendix 21-9	資格試験等	104
Appendix 21-10	英語学習サイト	105
Appendix 21-11	学術関連・インターネット利用	106
Appendix 22	ショートカットキーのまとめ	108

参考文献	109
索引	110

本書中で言及するオペレーティングシステム，アプリケーションソフトウェア等の名称は，当該各社の登録商標または商標です。

Lesson 1　コンピュータ操作の基本

> **この課のねらい**
> 教室のコンピュータ各部の名称と、Windowsシステムの基本的な操作を学ぶ
>
> **この課の準備**
> 各自のIDとパスワード
> 各大学発行の情報処理マニュアルなど
> 　　私は、□＿＿＿＿＿＿＿＿＿＿＿＿＿＿＿＿＿＿＿＿＿＿＿＿＿＿＿＿を利用します。
> 　　また、□＿＿＿＿＿＿＿＿＿＿＿＿＿＿＿＿＿＿＿＿＿＿＿＿＿＿＿＿も利用します。

1　コンピュータシステム各部の名称を知る
　コンピュータ本体
　　　フロッピーディスクドライブ、CD-ROMドライブ
　　　外部記憶ドライブ（□MO　□ZIP　□USBメモリ　その他□＿＿＿＿＿＿＿＿＿＿）
　ディスプレイ、キーボード、マウス
　ヘッドセット（スピーカー）、マイクロホン
　プリンタ（□ネットワーク接続　□直接接続）
　その他（□ネットワークケーブル　□プリンタケーブル　□音声入出力端子　□USB端子）

2　電源を入れ、コンピュータを起動する
　電源スイッチを入れる
　　　□電源は、終了処理をすると自動的にOFFになる。
　　　□電源は、手動でOFFにする。

3　キーボードの使用法を習得する
　キーボードの概要
　　　文字キー：文字入力　　数字キー：数字入力
　　　スペースバー：文字変換（日本語入力時）、空白文字入力（直接入力時）
　　　[Enter] キー：文字決定、改行入力、コマンドの実行
　　　[F1] などのファンクションキー：特殊機能実行
　　　[Esc] エスケープキー：コマンド、文字入力操作などの取り消しに使用
　　　[Tab] タブキー：カーソルをTab設定した位置に移動（文字入力時）
　　　[Alt] アルトキー：[半角/全角] キーと組み合わせて、文字入力のオン・オフに使用
　　　[Ctrl] コントロールキー：他のキーと組み合わせて利用　　[Ctrl]+P：印刷、[Ctrl]+A：
　　　　　　全指定など

4　ユーザ認証手続きを行い、コンピュータの利用を開始する
　ユーザIDの確認、入力
　パスワードの確認、入力
　　　□パスワードを忘れた場合は＿＿＿＿＿＿＿＿＿＿＿＿＿＿＿＿＿＿＿＿＿＿＿＿。

5 画面表示：各部の名称を知る
　　デスクトップとアイコンの役割を理解する
　　　アイコン　①、②など
　　　　□Word（ワードプロセッサ）
　　　　□Excel（表計算ソフトウェア）
　　　　□マイ コンピュータ（フォルダ）
　　　　□ごみ箱（フォルダ）
　　　　□＿＿＿＿＿＿＿＿＿＿＿（＿＿＿＿＿）
　　　　□＿＿＿＿＿＿＿＿＿＿＿（＿＿＿＿＿）
　　　　□＿＿＿＿＿＿＿＿＿＿＿（＿＿＿＿＿）
　　　　□上記すべてを画面の上で確認しました。

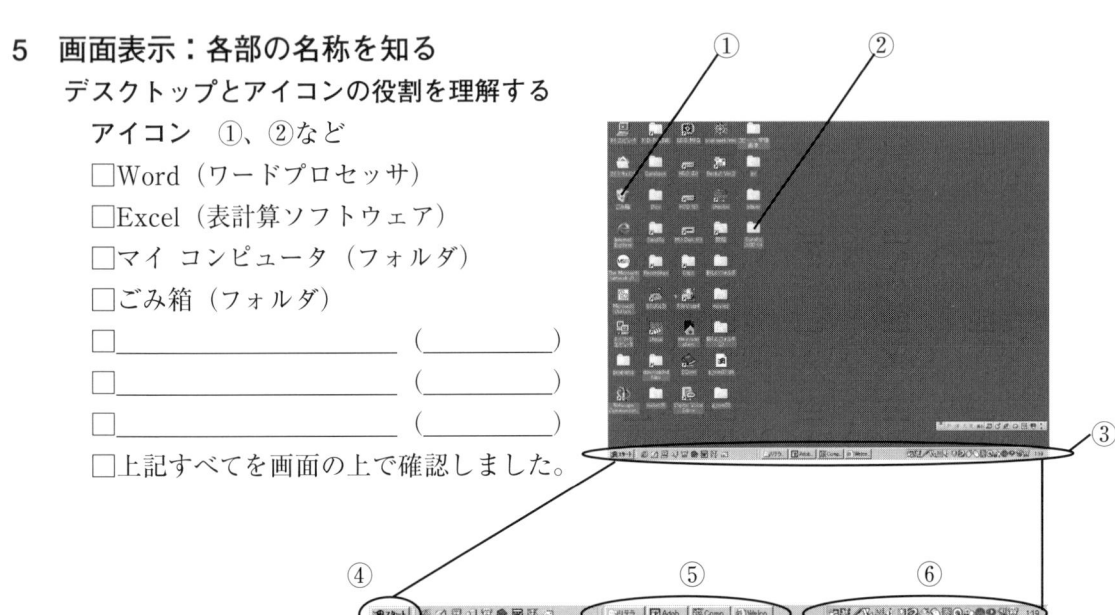

　　タスクバー　③
　　　　□スタートボタン④：プログラムの起動、ファイル検索、コンピュータの終了、再起動
　　　　　　　　　　　　　　など
　　　　□タスクボタン　⑤：アクティブな窓の切り替え（プログラムを起動したり、フォルダ
　　　　　　　　　　　　　　を開いたりすると現れる）
　　　　□インジケーター⑥：様々なデバイスの状態を示す（スピーカー音量、IME（かな漢字
　　　　　　　　　　　　　　変換）の状態など）

6　マウスの使用法を習得する
　　　左ボタンのシングルクリック：アイコンを指定する、Webのリンクを開くなど
　　　左ボタンのダブルクリック：アイコンからプログラムを起動、フォルダを開くなど
　　　左ボタンで押さえて動かす＝ドラッグ：アイコンの移動、ファイルの移動など
　　　左ボタンで押さえて動かし、離す＝ドラッグ・アンド・ドロップ：アイコンの移動＋処理
　　　右ボタンのシングルクリック：アイコンに割り振られた機能の呼び出しなど

7　Windows の窓の操作を理解する
　　各部の名称（詳細は Lesson 8（p. 22）参照）
　　　タイトルバー　①
　　　メニューバー　②
　　　ツールバー　　③
　　　最小化ボタン　④
　　　最大化ボタン、リサイズボタン⑤
　　　クローズボタン⑥
　　　マウスポインタ
　　動作の理解
　　　最小化（タスクバーへの収納）⟷ 回復
　　　　最小化ボタンをクリックする。
　　　　タスクバーのボタンをクリックする。

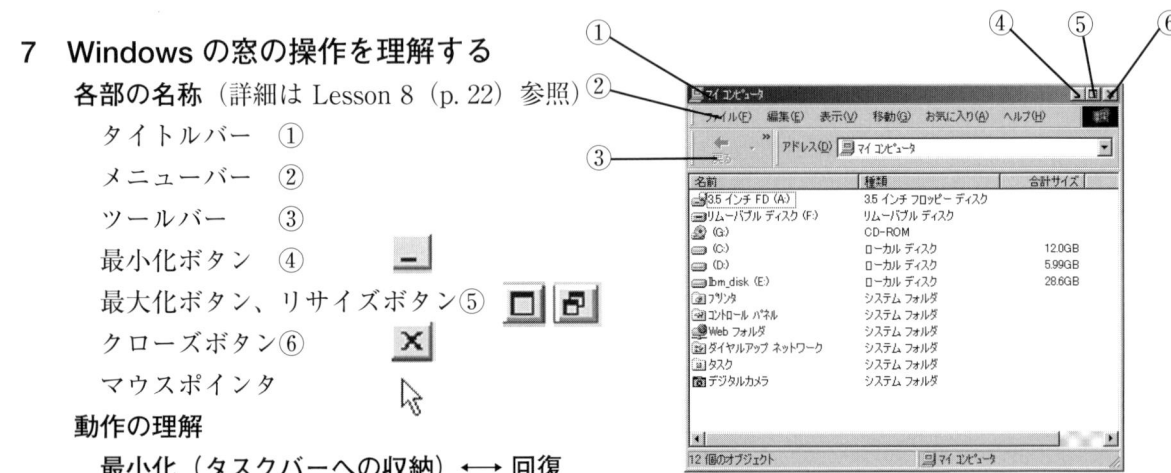

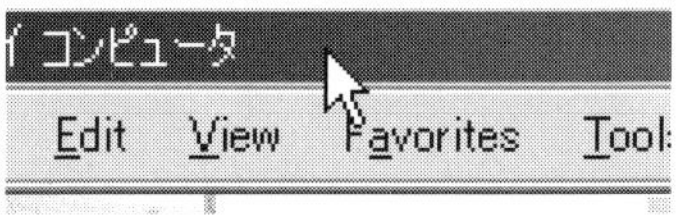

最大化 ⟷ リサイズ
最大化ボタンをクリックする。
リサイズボタンをクリックする。

最大化 ⟷ リサイズ（タイトルバーのダブルクリックによるサイズ調整） 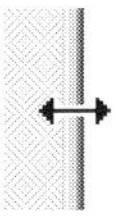
タイトルバーをダブルクリックする。
もう一度ダブルクリックする。

窓の大きさを変更する
幅や高さを変更する。
　ポインタを窓の上下左右の境界線に合わせる。 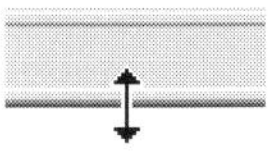
　ポインタの形の変化を確認して、好みの位置までドラッグする。
幅と高さを同時に変更する。
　ポインタを窓のコーナーに合わせる。
　ポインタの形の変化を確認して、好みの位置までドラッグする。

窓を閉じる
クローズボタンをクリック、あるいは ［Alt］+F4 で窓を閉じる。

8 ファイルとフォルダの関係を理解する

ファイルとは：プログラムや作成したデータなどを指します。
フォルダとは：ファイルを整理するために利用される仮想的な
　　　　　　　入れ物です。フォルダは、ディレクトリとも呼
　　　　　　　ばれます。

課　題

1. 本日のレッスンをもう一度一人で操作し、復習しましょう。
2. IDとパスワードについて
   IDとパスワードは、ネットワーク社会のサービスを利用するためには必要不可欠で、とても重要なものです。
   1) 皆さんはどのようなIDとパスワードを持っていますか。
   2) それらは皆さんの生活にとってどの程度重要ですか。
   3) 重要なパスワードを他人に知られないようにするにはどうすればよいでしょうか。
   4) パスワードを人に知られてしまったら、どうしたらよいでしょうか。
   5) パスワードを守るために必要なことをしていますか。
      □している　　□していない　　□これからするつもりだ
   6) その他、クレジットカードなどの管理は、大丈夫ですか。
3. どうしますか。
   1) パスワードを忘れてしまった時は、□＿＿＿＿＿＿＿＿＿＿＿＿＿＿＿＿＿＿＿＿＿。
   2) 入力ミスの時は、□＿＿＿＿＿＿＿＿＿＿＿＿＿＿＿＿＿＿＿＿＿＿＿＿＿＿＿＿＿。
   3) ハングアップ（画面が動かなくなった）の時は、＿＿＿＿＋＿＿＿＿＋＿＿＿＿
      を同時に押して、＿＿＿＿＿＿＿＿＿＿＿＿からハングアップしているソフトウェアを終了します。
   4) ソフトウェアの使い方がわからない時は、担当者あるいは
      □＿＿＿＿＿＿＿＿＿＿＿＿＿＿＿＿＿＿＿＿＿＿＿＿＿＿＿＿＿＿に尋ねます。

Lesson 2　ソフトウェアを起動し、利用する(MIKATYPE、Microsoft Wordなど)

> **この課のねらい**
> タイピング練習ソフトウェアを利用して基本的なタイピングの練習を行う
> 基本的なソフトウェアの起動方法と終了方法を学習する
>
> **この課の準備**
> タイピング練習ソフトウェアMIKATYPE（ミカタイプ）
> （このソフトウェアは無料のオンライン・ソフトウェアです。インターネットからダウンロードして、フロッピーディスクやUSBメモリなどから使うことができます。オンライン・ソフトウェアの利用方法については Appendix 14, 15, 16 を参照してください。）

1　タイピングの基本を理解する

　　タイピングはコンピュータ利用の基本中の基本です。速く正確なタイピングを身に付けましょう。そのためには、座る姿勢、椅子の高さ、体の位置などの調整が必要です。また、ホームポジションを守り、キーボードを見ないでキーを打つ辛抱強い練習も必要です。

　　まず、基本事項を確認しましょう。

　　□座る姿勢：ディスプレイの正面に座り、背筋を伸ばします。
　　□椅子の高さ：キーボードに手を置いた時、腕が自然に曲がるように調整します。
　　□体の位置：ディスプレイと体は平行に、ディスプレイの中心線と体の中心線を一致させます。
　　□キーボード：スペースバーの中央を体の中心線と一致させます。
　　□ディスプレイの明るさ、コントラスト、角度などを必要に応じて調整します。

2　ホームポジション

　　両手指はキーボード上に、やさしくニワトリの卵を抱くような形に置きます。
　　ホームポジションとするキーは、英字入力でも日本語入力でも、
　　左手指を順に「ＡＳＤＦ」右手指を順に「ＪＫＬ；」に置きます。親指はスペースバーに。

　　ホームポジションのそれぞれのキーから、左斜め上、右斜め下のキーを打ちます。ただし、左人差し指はGと、右人差し指はHと、それぞれ左斜め上、右斜め下のキーも打ちます。

3　MIKATYPE（タイピング練習ソフトウェア）の起動・練習・終了

　　MIKATYPEのアイコンをダブルクリックして起動します。

メニューに従って、段階的に練習します。

ポジション練習
    ホームポジション
    上一段
    ホームポジション＋上一段
    下一段
    ホームポジション＋下一段など
    次に、ランダム練習など

MIKATYPEホームポジション練習

最後は、「基本英単語練習」を十分に練習しましょう。まず100ストローク、次に200ストロークを目指します。

☐必ずホームポジションを守るようにしましょう。
☐キーボードを見ないで練習しましょう。
☐毎日必ず練習しましょう。
☐「タイピングの基本」を守っていますか。

MIKATYPE の終了
キーボードから［Esc］を何度か押し、初期メニューに戻り［6］のキーで終了します。

4　その他のソフトウェアの起動・練習・終了

ソフトウェアの起動には2つの方法があります。
1．ショートカット（プログラムやファイル、フォルダにアクセスするための専用ファイル、左下に矢印マークが付いている）をダブルクリックする方法
2．スタートメニューから、プログラムメニューをたどって起動する方法

やってみよう！
☐Microsoft Word（ワードプロセッサ）の起動・終了
☐Internet Explorer（インターネットWebブラウザ）の起動・終了
☐Netscape（同上）の起動・終了
その他☐_____　　☐_____

5　コンピュータシステムの利用を終える

スタートメニューからメニューをたどり、「終了」あるいは「シャットダウン」を選択。

課題

1. 本日のレッスンをもう一度一人で操作し、復習しましょう。
2. MIKATYPE を起動して、「ポジション練習」を練習し、ホームポジションの指の位置を習得します。
3. MIKATYPE で「ポジション練習」を練習し、ホームポジションからの指の動きを習得します。
4. MIKATYPEで「基本英単語練習」を練習します。
5. 「基本英単語練習」で表示されたストローク数を記録します。月、日、課題名、ストローク数を一覧にして、毎回必ず記録しましょう。

Lesson 3　コンピュータのリソース（ハードウェア構成）と文字入力

> **この課のねらい**
> コンピュータのリソースの成り立ちを理解する
> ワープロソフトを利用して、英語で自己紹介文を作成する準備を行う
>
> **この課の準備**
> データ保存用にフロッピーディスクあるいはUSBメモリなどを用意します

1. コンピュータのリソースの成り立ちを理解する
   ドライブ（書き込み読み出し装置）の構成を理解する
   マイコンピュータをダブルクリックする
   □A:¥はフロッピーディスクドライブ
   □C:¥はハードディスクドライブ（使用中のコンピュータの主要なデータ記録装置）
   □＿＿＿はCD-ROMドライブ　　□＿＿＿はUSBメモリ
   □＿＿＿はMO/ZIP/＿＿＿＿＿＿＿＿
   □＿＿＿は＿＿＿＿＿＿＿＿＿＿＿＿

2. リソースの選択方法を理解する
   マイコンピュータのそれぞれのドライブをダブルクリックして内容を確認しましょう。ドライブにメディア（ディスクなど）が挿入されていれば、ファイルやフォルダが表示されます。

3. フロッピーディスクの取り扱い方法を知る
   注意事項
   ほこり、湿気、熱、磁気を嫌う。シャッターは無理にこじ開けない。
   バックアップが大切（注意！）
   フロッピーディスクは使っているうちに必ず壊れます。その時にはデータも読み出せなくなります。したがって、データのバックアップは必ずとっておいてください。
   　　私は、□文書作成終了時、□定期的に（＿＿＿＿＿＿＿＿＿＿の頻度で）
   □＿＿＿＿＿＿＿＿＿＿＿＿＿＿＿＿＿にバックアップをとります。

4. フロッピーディスクをフォーマットする（すべてのデータの消去）
   フロッピーディスクは最初フォーマットして使います。未フォーマットの場合はフォーマットしなければなりません。詳しくは大学発行のマニュアルなどを参照してください。
   □フロッピーディスクのフォーマットに成功しました。

5. 文書を作成・保存し、呼び出す
   Microsoft Wordを利用して文書を作成します。
   新規文書の作成
   　Wordを起動する
   日本語入力を確認する（かな漢字交じり文入力の場合）

デスクトップの右下にある「日本語入力ツールバー」が日本語入力モード（「あ般」と表示）であることを確認します。
　　□もしも「A般」の状態になっていれば、[Alt]キーを押しながら、[半角・全角　漢字]キーを押して日本語入力モードにします。
　　□Windows XPの場合は[半角・全角　漢字]キーを押して日本語入力モードにします。

直接入力（半角英数字入力）を確認する（英文文書入力の場合）
デスクトップの右下にある「日本語入力ツールバー」が直接入力モード（「A般」と表示）であることを確認します。
　　□日本語入力の状態から、[Alt]+[半角・全角　漢字]キーを押します。
　　□Windows XPの場合は[半角・全角　漢字]キーを押します。
　　□直接入力は、英文の入力時に使います。

直接入力モード

日本語入力モード

文書入力の約束事（英文入力時）
大文字や記号の入力
　　□大文字は[Shift]キーを押しながら、文字キーを打って入力します。
　　□「, . ; :」（コンマ、ピリオド、セミコロン、コロン）はそれぞれ、[, ね][. る][; れ][: け]キーを押すことで入力できます。「~」（ティルダ）は[Ctrl]+[^ へ]です。
　　□「! " # $ % &」などの記号は、[Shift]キーを押しながら、それらの記号の印刷されている数字キーを押して入力します。
　　□練習：次の文章を入力してみましょう。
　　　　　Hello everybody!　Nice to meet you.
　　□正確に入力できました。

6　文書を保存し、Wordを終了する
文書の保存
先ほどの文章を保存してみましょう。
「ファイル」メニューから「名前を付けて保存」を選択します。
「保存する場所」に「3.5インチFD（A:）」を選択します。
「ファイル名」に、「hello 」と入力します。
「保存」をクリックします。
　　□ファイルの保存ができました。

保存文書の確認
フロッピーディスクA:¥の中身を見て、ファイルが作成されたことを確認します。
　　□保存文書の確認ができました。

Wordの終了
「クローズボタン」をクリックしてWordを終了します。
あるいは、「ファイル」メニューから「終了」をクリックしてWordを終了します。

【課題】
上記3から6の内容を完全に理解し、このLessonの指示を見ないでできるようになるまで繰り返し練習しましょう。

Lesson 4　Wordの起動と文書の呼び出し・印刷・編集操作

この課のねらい
Wordの起動、文書呼び出しを復習し、印刷・編集操作を学習する
効率よく編集するためのショートカットキーを覚える

この課の準備
前課で保存した文書の入ったフロッピーディスク

1. **Word を起動する**

   文書の呼び出し
   　　［Ctrl］キーを押しながら［O］(Open)のキーを押す。
   　　あるいは「ファイル」メニューから、「開く」を選択する。
   　　「3.5 インチ FD(A:)」を選択する。
   　　「hello」(hello.doc)を呼び出す。

   文書の印刷
   　　［Ctrl］キーを押しながら［P］(Print)キーを押す
   　　印刷の詳細を確認して「OK」をクリックする。（あるいは［Enter］キーを押す。）
   　　範囲を指定した印刷
   　　　　ページを指定した印刷：「ページ指定」「現在のページ」などを選択して、ページ単位
   　　　　　　　で部分印刷できます。
   　　　　選択した部分の印刷：本文中で印刷したい部分を反転しておき、［Ctrl］+Pで、印刷指
   　　　　　　　定から「選択した部分」を選んで印刷します。

   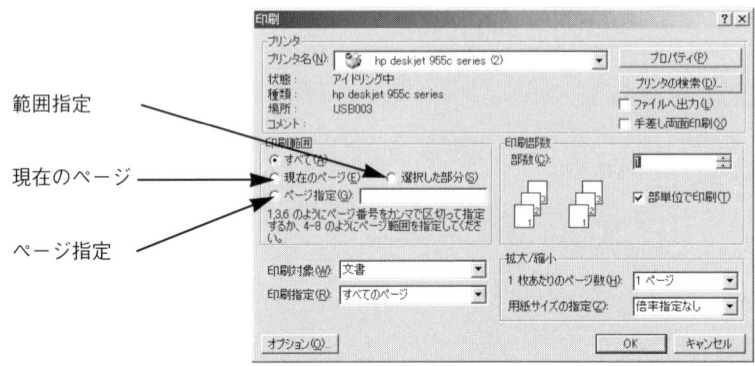

   　　□文書の呼び出しと印刷を理解しました。
   新規文書の作成
   　　［Ctrl］キーを押しながら［N］(New Document)キーを押す。
   　　新しい文書が開きます。

2. **文字列のコピー・移動などの編集操作を行う**
   　　ショートカットキーを使います。(**Cool!** 必ず覚えましょう。)
   　文字列のコピー

コピーする文字列を反転させる：［Ctrl］キーを押しながら［C］キーを押す。
コピーしたい位置にカーソルを移動させる：［Ctrl］キーを押しながら［V］キーを押す。
□コピーのショートカットキーについて理解し、使えるようになりました。

文字列の移動
移動する文字列を反転させる：［Ctrl］キーを押しながら［X］キーを押す。
移動したい位置にカーソルを移動させる：［Ctrl］キーを押しながら［V］キーを押す。
□移動のショートカットキーについて、理解し、使えるようになりました。

やり直しと取り消しを行う
やり直し：［Ctrl］キーを押しながら［Z］キーを押す。

やり直しの取り消し
［Ctrl］キーを押しながら［Y］キーを押す。
□「やり直し（の取り消し）」ショートカットキーを理解し、使えるようになりました。

検索と置換を行う
準備として、hell.docを呼び出し、文書全体を何度もコピー・ペーストして約1ページの文書を作成します。

検索
［Ctrl］キーを押しながら［F］キーを押す。
現れた検索窓に検索文字を入力し、「次を検索」をクリックする。

置換
［Ctrl］キーを押しながら［H］キーを押す。
現れた検索窓に検索文字、置換窓に置換文字列を入力して、「次を検索」をクリックする。
□検索と置換機能について理解し、使えるようになりました。

3 フォントの設定、文字サイズの変更
文書全体のフォントや文字サイズを変更する
「ファイル」メニューの「ページ設定」から行います。　　Times New Roma ▼ 10.5 ▼

一部分のフォントや文字サイズを変更する
変更したい部分を反転させた後に、メニューバーの「フォント」設定窓や「フォントサイズ」設定窓から選んで指定します。
□フォントの設定、文字サイズの変更機能について理解し、使えるようになりました。

4 イタリック体・アンダーライン・ボールド体の入力（文字飾り）
イタリック体（斜め字体）やアンダーラインは、文字を強調したり、本文中に書籍のタイトルや、雑誌名を示す時に用います。
入力は、文字入力時に、あるいは文字を反転して、［Ctrl］＋Ｉ（イタリック体）、［Ctrl］＋U（アンダーライン）、あるいは、メニューバーの **_I_** や **U** をクリックします。

ボールド体は、タイトルや見出しなどの文字の強調に用います。

入力は、文字入力時に、あるいは文字を反転して、[CTRL]+B、あるいは、メニューバーの **B** をクリックします。

☐ イタリック体・アンダーライン・ボールド体の入力について理解し、使えるようになりました。

5　右寄せ・中央寄せ・左寄せの方法（文字列の位置調整）

右寄せ・中央寄せ・左寄せによって、文書中の文字列の位置を調整します。

調整したい文字列をクリックしてから、メニューバーの ▉▉▉ の当該部分をクリックします。

☐ 右寄せ・中央寄せ・左寄せの方法について理解し、使えるようになりました。

6　左インデント、1行目のインデント、ぶら下げインデントの方法

文書ウィンドウの上部に表示されている「水平ルーラー」を用います。いずれも段落単位の処理になります。Lesson 8（p. 22）も参照してください。

左インデントは、行の左端の開始位置を指定します。

1行目のインデントは、段落の最初の行の開始位置を指定します。

ぶら下げインデントは、段落の2行目以降の開始位置を指定します。書誌の記載などに用います。

☐ 左インデント、1行目のインデント、ぶら下げインデントについて理解し、使えるようになりました。

課　題

1. 本日のレッスンをもう一度一人で操作し、復習します。
2. 確認しておきましょう。Lesson 3 と Lesson 4 に関する重要事項です。
   - ☐ このコンピュータのリソースについて理解しました。
   - ☐ フロッピーディスクのフォーマットに成功しました。
   - ☐ 文書が正確に入力、☐ 保存、☐ 呼び出し、☐ 印刷できました。
   - ☐ コピーのショートカットキーについて、理解し、使えるようになりました。
   - ☐ 移動のショートカットキーについて、理解し、使えるようになりました。
   - ☐「やり直し（の取り消し）」ショートカットキーについて、理解し、使えるようになりました。
   - ☐ 検索と置換機能について理解し、使えるようになりました。
   - ☐ フォントの設定、文字サイズの変更を理解し、使えるようになりました。
   - ☐ 字体調整、☐ 文字列の位置調整、☐ インデントが使えるようになりました。

＊なお、ショートカットキーについては、Appendix 22 にまとめてありますので、参照してください。

コラム　ローマ字入力について

　皆さんは日本語の入力をする時、どのようにしているのでしょうか。できるだけストロークを減らすために、「し」を「si」「ち」を「ti」などと入力しているのではないでしょうか。これは「訓令式」という、ローマ字表記方式の1つです。訓令式では、タ行をta ti tu te to、シャ行をsya syu syoなどと書き表わします。ところが、この方式は英語のつづりと大きく異なる部分があるため、これに慣れると英語の単語をミスタイプする可能性が大きくなります。

　一方でローマ字のもう1つの記述方式ヘボン式は英語式で、英語の単語と似たつづりに特徴があります。ヘボン式のローマ字つづりは、打鍵数が多くなりますし、一見すると不規則で覚えにくそうですが、英単語の発音の表記をベースにしているので、これを覚えると、英単語の入力ミスが少なくなります。コンピュータで日本語を入力する際には、「ヘボン式」を利用するよう努力しましょう。

　なお、拗音、撥音などについては、「ん」は「nn」、「ぁ」「ぃ」「ゃ」「ゅ」「ょ」などの小さいかな文字は、［L り］キーに続いて読みのキーを打つと入力できます。

ヘボン式ローマ字入力例（コンピュータ入力用に一部改訂済み）

a	i	u	e	o	ga	gi	gu	ge	go
ka	ki	ku	ke	ko	za	ji	zu	ze	zo
sa	shi	su	se	so	da	ji	zu	de	do
ta	chi	tsu	te	to	ba	bi	bu	be	bo
na	ni	nu	ne	no	pa	pi	pu	pe	po
ha	hi	fu	he	ho	sha		shu		sho
ma	mi	mu	me	mo	ja		ju		jo
ya		yu		yo	cha		chu		cho
ra	ri	ru	re	ro					
wa									
nn									

Lesson 5　英文文書作成の基本（自己紹介文の作成）　1

> **この課のねらい**
> パラグラフ（段落）について理解する
> プロセス（過程）に沿って書くこと（プロセスライティング）を学ぶ
> 書きやすい内容で英文文書を作成する
>
> **この課の準備**
> 自分について書くことのできる内容を考えておく

1　パラグラフとは何か

　パラグラフとは、複数の文で構成された文章で、通常何らかの1つの主張を持っています。単独で成り立つ場合もありますが、多くの場合、複数のパラグラフがつながって主張が展開され、さらに大きな1つの文章となります。

　英文パラグラフでは、形式的には第1行目の第1文を5文字程度インデント（字下げ）して書き始め、その後の文と文はスペース1つ（あるいは2つ）でつなぎ、パラグラフ終了まで新たに改行はしません。文字と文字、語と語、文と文が隣接して、1つのブロックのような形になります。

2　主題と主題文、本文

　1つのパラグラフは1つの主題(Topic)を中心にまとめられており、その主題が主張を伴って、主題文（Topic Sentence）を形成します。パラグラフの残りの部分は本文（Body/Supporting Sentences）となり、主題文の内容を説明したり、例示したりします。本文中の文はすべて主題と関連を持たねばなりませんし（統一性の保持）、また、文と文は、論理的なつながりを持たねばなりません（一貫性の保持）。本文は、主張を効果的に伝えるために、内容、形式、文法に工夫して構成します。

3　プロセスに沿って書く

　パラグラフを書くには、文章作成のプロセスを知ることが大切です。プロセスを忠実にたどれば、誰でも論理的で説得力のあるパラグラフを書くことができます。以下のプロセスに沿って、完結した内容を持つ英文パラグラフを書いてみましょう。プロセス（過程）に沿って書くことを、プロセスライティングと呼びます。次の4-12がプロセスとなります。

4　書けることをとにかく列挙する（ブレインストーミング、Brainstorming）

　ブレインストーミングは、ある事柄について、思い付くままに関連する事柄をすべて列挙する方法です。まず、書こうと思う事柄をある程度絞り込みます。「若者文化について」では曖昧すぎます。「ボランティア活動と若者文化について」、「ボランティア活動に見る若者の社会参加意識について」というふうに、書くべき事柄をある程度絞り込む必要があります。

　次にその事柄について、思い付くことをノートにすべて書き出してみましょう。一見全く関係ないように思えるアイディアでも、書き出して他のアイディアと並べることによっ

て、さらに優れたアイディアや着想が生まれたりします。

　ここでは「自己紹介文」を書きますので、人が読んで興味を持ってもらえる自己紹介文にすることを念頭に置いて、名前、専攻、今の気持ち、出身高校、出身地、家族のこと、趣味、将来の希望、などで思い付くことを列挙します。次は一例です。

```
name: Hanako Sakura              two little brothers
born in Tokyo                    Pochi, our pet dog
my family in Ueno, Tokyo         major in biology
graduated from Komi High School  plan to be a biologist
live alone in Kyoto              excited to be in college
have been playing tennis for 3 years  like to visit old temples
wish to study in the United States    sad to be away from my family
spent a summer in Australia      wish to have many friends
```

5　内容をいくつかにまとめ、本文（Body）の構成を考える（Clustering）

　書くべき事柄がある程度出そろったところで、それらを関係するグループ（Cluster）ごとに分類し、本文（Body）の内容を考えます。分類できないもので今回の話題にそぐわないものは思い切って捨て去り、発展できそうな部分はさらに項目を加えて充実します。大切なのは、まとまりの数を少なめにして、構成をはっきりさせることです

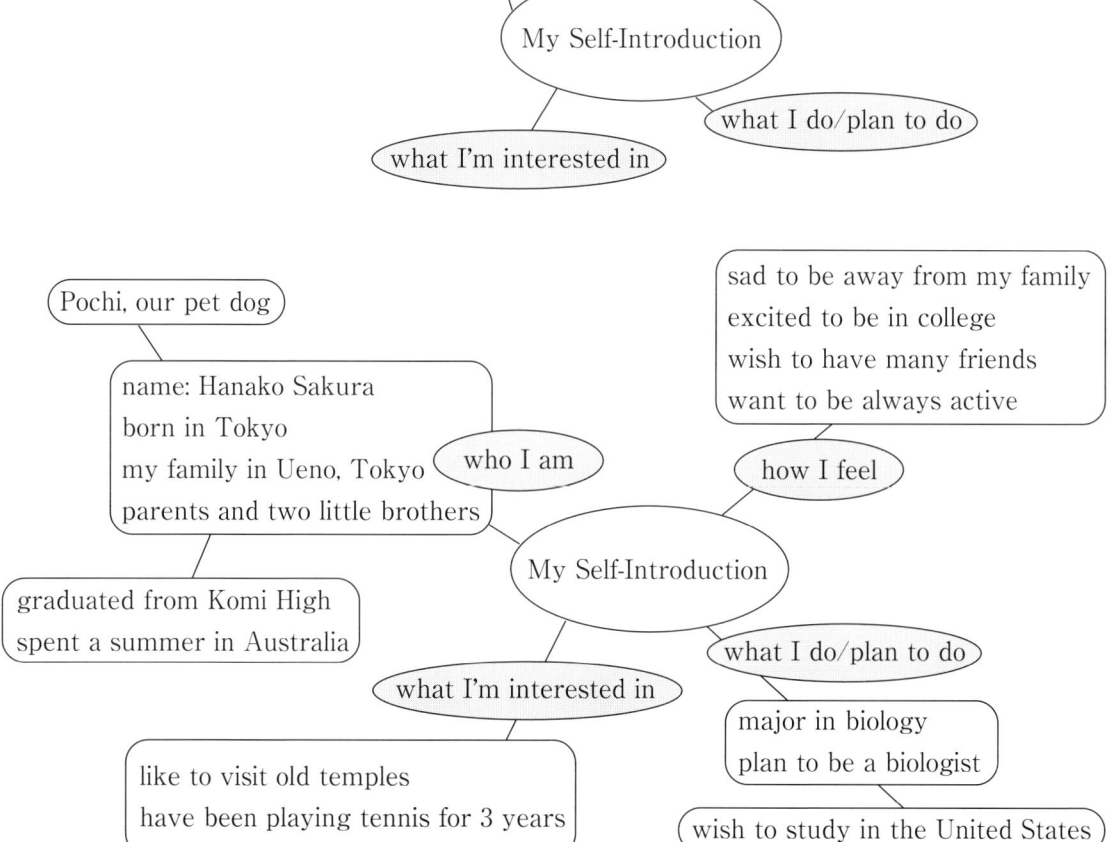

6　主題文（Topic Sentence）と仮の表題（Title）を設定し、本文の流れを考える

主題文：I am very glad to meet you all.　　　表題：Good to see you!

本文：A　　　　　　　　本文：B　　　　　　　　　　　　本文：C
| who I am | → | what I do | what I'm interested in | → | what I plan to do |

7　本文のアウトラインを決定する（Outlining 1）

内容を再考して、部分的に内容を加えたり、組み替えたりします。内容的にまとまりのない部分は思い切って切り捨てることが大切です。

本文：A. Who I am
　　my name
　　live alone in Kyoto
　　　　my family in Tokyo
　　am a good tennis player

本文：B. What I do, What I am interested in
　　major in biology
　　reason why I became interested in biology
　　　　spent summer in Australia
　　　　learned the importance of nature conservation

本文：C. What I plan to do
　　plan to be a bilogogist
　　　　plan to study environment
　　　　wish to study abroad in the United States

8　導入部と結論部を加えて、全体のアウトラインを決定する（Outlining 2）

表題を決定して書き出し、次に導入部(Introduction)の主題文を書き出します。主題文と呼応するように結論部(Conclusion)と結語(Concluding Sentence)を考えます。

表題：Good to see you!
Ⅰ．導入部 Introduction
　　主題文：I am very glad to meet you all.
Ⅱ．本文：A, B, C
Ⅲ．結論部 Conclusion
　　結語：I wish to have a good time and I will do my best.

9　文をパラグラフ（段落）の形に書き出す（The First Rough Draft）

次に、表題と主題文を意識しながら、アウトラインの項目に沿って書いていきます。この段階では、できるだけアウトラインに忠実に沿って書くことを心がけます。文法や言い回しにあまり気をとられずに、勢いを付けて書くことが大切です。手書きの場合は1,2行おきに書くとよいでしょう。これが草稿（the First Rough Draft）になります。

10　内容と構成を向上させる（Revising, the Second Draft）

草稿には必ず手を入れて内容と構成をよりよいものにします。段落の内容に統一と一貫性があるかどうかを検証します。この時点では、内容をよりよく相手に伝えるために、変更、付加、削除、順序の入れ替えなどを行います。もとの文章を崩すことを恐れてはいけません。これが改訂稿（the Second Draft）になります。

11　さらに内容を磨く（Proof-Reading, the Final Draft）

改訂稿の文法、構文、スペリング、句読点などについて点検します。これが最終稿（the Final Draft）になります。

12　清書する（The Final Copy）

清書する用紙は、手書きの場合も、コンピュータを利用する場合も、A4判縦置きとします。右肩にクラス名、課題名、学籍番号、氏名を書き、1行あけてタイトルを中央に、1行あけて本文を1行おきに書きます。

13　プロセスライティング

このように、一つひとつのプロセスを踏んでパラグラフやエッセイを書けば、誰でも必ず論旨の通った文章が書けます。プロセスライティングをぜひマスターしましょう。

課 題

各自の自己紹介文のFirst Rough Draftを、以下のOutlineに沿って書きましょう。

1. TitleとTopic Sentenceは次の通りです。
   - ☐ _____
   - ☐ _____

2. 私は次の3つ(以上)の内容をパラグラフの中に展開します。
   - ☐ _____
   - ☐ _____
   - ☐ _____
   - ☐ _____
   - ☐ _____

3. Concluding Sentenceは次の通りです。
   - ☐ _____

Lesson 6　英文文書作成の基本（自己紹介文の作成）　2

> **この課のねらい**
> パラグラフの書き方について復習する
> パラグラフの書き方を別な角度から考える
>
> **この課の準備**
> 前課の課題で書いた自己紹介文のthe First Rough Draft

1　パラグラフを書く前に考えること

誰に対して書いていますか

　　聞き手や読者が誰であるかを考えましょう。パラグラフやエッセイは、常に特定の読者（層）を念頭に置いて書きすすめる必要があります。そうした読者にふさわしい語彙や文体を用いるように留意しましょう。大学での作文においても、必ず具体的な読み手を想定して書きます。

2　パラグラフを書く際に

パラグラフに主題文（Topic Sentence）がありますか

　　主題文は通常、パラグラフの先頭に置かれ、そのパラグラフが何について書かれているか、その主題（Topic）を明らかにする文です。パラグラフの内容をまとめあげて、読者にそのパラグラフの内容を予告するのが目的です。

主題文の内容は明瞭ですか

　　良い主題文には、主題（何が/誰が）と主張（どうである）がはっきりと述べられます。

本文（Body/Supporting Sentences）は主題文を支持していますか

　　本文は上記の主題文に続いて、主題と主張を十分に説明・展開するための情報を段落に与える、パラグラフの本体となる文章です。この中では、Who? What? Where? When? Why? How? というような重要な情報が提供され、主題文が説明、記述、例示、支持されます。

パラグラフを締めくくるしっかりとした結語（Concluding Sentence）がありますか

　　パラグラフの最後の文は、本文で展開したことがらをまとめたり、結論づけたりします。単独のパラグラフでは、この文がパラグラフを締めくくります。エッセイなどでは、次のパラグラフにつながる情報を提供することもあります。

パラグラフには統一性（Unity）がありますか

　　パラグラフのどの部分も主題文で示された内容から離れてはいけません。全ての文がその主題文の内容に焦点を当てなければなりません。そうした統一性があれば、パラグラフの最初と最後で主張が食い違うこともないはずです。

パラグラフには一貫性（Coherence）がありますか

パラグラフ内の文は一つひとつが論理的なつながりで結ばれていなければなりません。一貫性があると、文から文へと読みやすいパラグラフになります。統一性のあるパラグラフでも、論理の展開が自然でなかったり、各文の順序やつながりを示す表現などが不足し、一貫性を欠くならば、読みにくいパラグラフになります。つなぎ言葉（Transitional Words and Phrases）を効果的に使うと一貫性が強まります。つなぎ言葉は、論理や順序を示して、文と文との関係を明らかにします。詳細については、コラム（p. 21）を参照してください。

文の順序（Order）には論理性がありますか

　これは上記の一貫性とも関連しますが、文が並ぶ順序には、その論理の展開によって法則性があります。時間軸に沿って展開する場合、空間のつながりに沿って展開する場合、因果関係によって結論へと展開する場合、重要性の順に展開する場合、一般から個別に展開する場合、また、単純に列挙する場合などです。どのような展開が適当か考えてみましょう。

文法的に正しい文で構成されていますか

　文には主部と述部があり、基本的には5文型（SV, SVC, SVO, SVOO, SVOC）のいずれかの文になっているはずです。特に動詞に関しては時制や用い方に気を付けましょう。動詞が要求するパターンに注意し、辞書などでよく確認しましょう。その他の文法事項については、これまでに学習した参考書などを参照して、一つひとつの文が文法的に正しいか確認しながら書いていきましょう。

よい表題が付いていますか

　あまりにも一般的なタイトルでは魅力がありません。内容を簡潔にまとめ、読者に関心を持ってもらえるような表題を付けましょう。最初に仮のタイトルを付け、推敲の段階で見直します。

3　総まとめのチェックをする

　推敲するたびに上記の項目をチェックします。理想的なパラグラフは上記の要件を満たしていなければなりません。時間をおいてチェックすると客観的な推敲ができます。

4　フォーマットを整える

パラグラフの体裁はとれていますか

　パラグラフ最初の行は約30mm（5-7文字分）インデント（字下げ）します。文と文はスペースでつなぎます。パラグラフの途中では1文ごとに改行しません。

行間は充分ですか

　必ずA4判用紙を用います。手書きの場合は罫線の入った用紙に1行おきに書きます。周囲に約30mmの余白を取り、クラス名、課題名、学籍番号、氏名、その他課題番号など、記入するように指示された事項を記載します。詳細は次ページの書式例を参照してください。

課題

　自己紹介文のFirst Rough Draftを書き直して、Final Draftを作成します。Lesson 5, 6の内容を復習しながら、まず、手書き原稿で仕上げます。その際には次のページの手書き原稿の書式を参考にしましょう。

手書きによる書式例

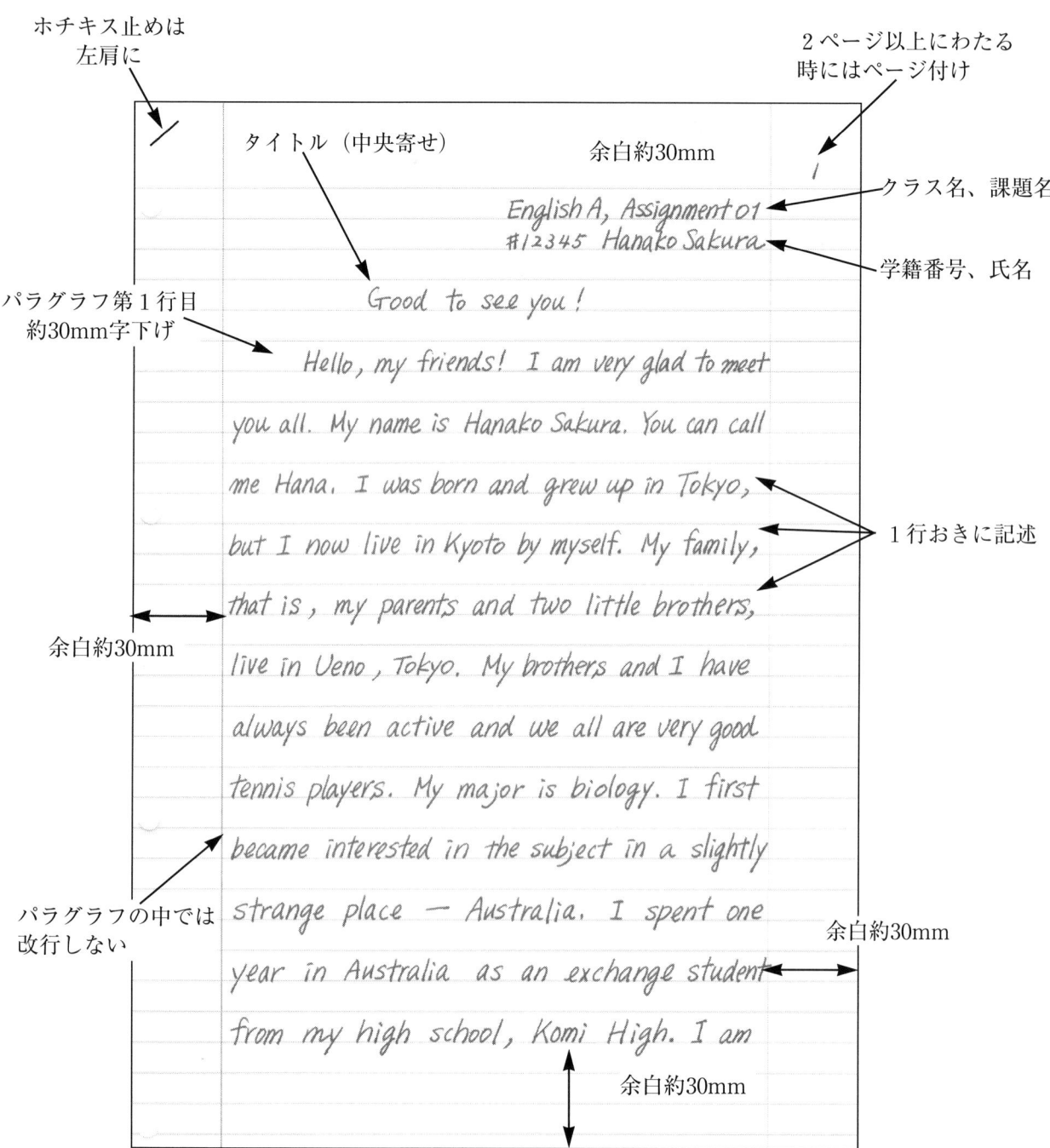

コラム　論理的なパラグラフを書くために

　論理の通ったパラグラフを書くためには、Body（Supporting Sentences）が主題文を十分に支持していなければなりません。そのためには、Bodyに論理の流れを作り、主題文を説得力のあるものにする必要があります。その論理の構築法は、内容によって異なります。

　Lesson 5, 6で書いた自己紹介のBodyは、どのような論理で書かれていますか。振り返ってみましょう。おそらく、自分に関することを、知ってほしい順、あるいは時間軸に沿って「列挙」してあるのではないでしょうか。

　段落の中には、主題文を支持するために、以下のような論旨を展開することが効果的なものもあります。

1. 時間軸に沿って（Chronological Order）
　これは時間軸に沿って話を展開する方法です。様々な話題を展開することができますが、特に、何かを順を追って説明する場合に有効です。物事が生起した過程に沿って説明したり、道順や手順を紹介したり、また、出来事を起きた時間に沿って解説したりする際に用います。これがエッセイに発展すると、伝記や自伝、歴史解説や物語となります。First, ... Second, ... などの時間の経過を表す表現がしばしば用いられます。

2. 分類して（Classification）
　これはある事項について共通した関連のあるものをまとめて表現する方法です。広範な対象を、その関連に応じての範疇や種類に分け、解説します。このことによって、対象がどのような構成要素から成り立っているか、それぞれの構成要素の性質や特徴は何かがよくわかるようになります。先に自己紹介文を書きましたが、自己紹介文の論理構成はこれにあたります。

3. 原因と結果（Cause and Effect）
　原因と結果は、因果関係を説明する際に重要な論理展開です。まず、出来事の原因を解説し、次にその結果を解説します。「私はなぜ現在の大学を選んだのか」というような身近な話題から、「化石燃料の消費と地球温暖化、そして温暖化防止の実行可能な対策」というような大きなテーマに至るまで、応用が可能です。特にアカデミックライティングにおいては頻繁に用いられる論理形式です。

4. 比較と対照（Comparison and Contrast）
　比較と対照は、それぞれ類似点と相違点を明らかにする論理構成です。私たちは比較と対照を含む行為は日常的に行っています。今日の通学にどのジャケットを着ようか、お昼の食堂では何がおいしそうかというような日常的な話題から、複数の被験者のデータを比較・対照したり、複数の理論を比べながら優位性を議論したりします。「類似点」に注目するのは比較、「相違点」を強調するのが対照、とするのが一般的ですが、比較・対照を同時に行って議論する場合もあります。

　上記の論理展開は一例です。また、論理の展開方法をわかりやすくするためのつなぎ言葉（Transitional Words and Phrases）が重要になりますので、コラム（p. 21）を参照してください。

Lesson 7　英文エッセイの作成

> **この課のねらい**
> エッセイとは何かを理解し、パラグラフを発展させてエッセイを書く
>
> **この課の準備**
> Lesson 5, 6のパラグラフライティングの復習

1　エッセイとは何か

　エッセイとは、論理的に展開される複数のパラグラフより構成され、1つの主張に貫かれた文章です。米国では大学入学の際に「自己推薦文」を書きますが、これはcollege essayと呼ばれます。大学入学後に講義や授業で要求される「レポート」や、卒業論文、学術的な研究論文もessayと呼ばれる場合があります。

2　エッセイをどう書くか

　エッセイを書くプロセスは、基本的にパラグラフを書くプロセスと同じです。しかし、異なる点もあります。エッセイは通常、論理的なつながりを持った複数のパラグラフから成り立ちます。また、字数やページ数に制限が設けられていることが多いので、その範囲内で書くことが要求されます。また、授業の課題や研究論文として提出するエッセイには、問題点の絞り込み、主題の設定、資料の発掘、文献の参照、論点の整理と分析、序論から本論を経て結論に至る論理的で客観的な主張を構築することが要求されます。

3　エッセイの中のパラグラフ

　Lesson 5, 6 では、単独で完結したパラグラフを作成しました。導入部、本論、結論部のあるパラグラフです。このような形を持つパラグラフは「理想的」ですが、エッセイの中では必ずしもこのようなパラグラフがうまく機能するわけではありません。論旨の展開の都合上、Topic Sentence を段落末や段落の途中に持ってきたり、パラグラフ全体が問題提起の文でできていたり、例示の文でできていたり、また、Topic Sentence がなかったりして、はっきりしない文も存在します。いろいろなエッセイの中のパラグラフを分析してみて、そのバラエティを確認しましょう。

4　英文エッセイの作成（留学への自己推薦文を作る）

　先の Lesson で作成したパラグラフを素材にして、留学のための自己推薦文を書いてみましょう。そのためには、もう一度 Lesson 5 に立ち返って、目的を新たに設定し、ブレインストーミングからのプロセスをやり直してみましょう。自己紹介の部分で自分を紹介する基本はできていますので、ここではさらに、以下のような質問に答えるような情報を盛り込みます。

　　Why are you a good candidate for the study-abroad program?
　　Why have you chosen this country and this particular institution?
　　What do you want to achieve during your stay abroad?
　　How will your overseas experience fit into your future career?

大切な点は、自分の過去・現在を分析し、それに立脚して留学の必要性を説き、さらに留学の体験を自分の将来像の中に位置づけるような、しっかりした「見通し」を持って書くことです。

課題
1. 上記のエッセイ課題を、まず手書き原稿で仕上げましょう。
2. 次に、「私の出身地（ふるさと）紹介」「私の大学生活」「旅行で行ってみたい町」など、Lesson 5 の学習内容を活かし、写真や画像などを利用して、Lesson 10 のホームページに作り込めるような内容のエッセイを書いてみましょう。

コラム　つなぎ言葉（Transitional Words and Phrases）

Lesson 6「パラグラフの一貫性」(coherence)、コラム「論理的なパラグラフを書くために」(p.19) で指摘した、「つなぎ言葉」の例です。

To show addition（追加、言い足し）：
again, and, and then, also, besides, equally important, finally, further, furthermore, in addition, lastly, moreover, next, too, etc.

To give examples（例示）：
for example, for instance, in fact, specifically, that is, to illustrate, etc.

To compare（比較）：
also, by comparison, compared to, in the same manner, likewise, similarly, etc.

To contrast（対照）：
although, and yet, at the same time, but, despite, even though, however, in contrast, nevertheless, on the contrary, on the other hand, still, though, etc.

To show time（時、時の関係）：
after, afterwards, as, as long as, as soon as, at last, before, by the time, during, earlier, finally, formerly, immediately, later, meanwhile, next, since, shortly, subsequently, then, thereafter, till, until, when, while, etc.

To indicate logical relationship（cause and effect）（因果関係、原因と結果）：
accordingly, as a result, because, consequently, for this reason, hence, if, otherwise, since, so, then, therefore, thus, etc.

To show sequence（時系列、時間順）：
again, also, and, and then, besides, finally, first/second/third, furthermore, last, moreover, next, still, too, etc.

To show place（場所、位置関係）：
above, adjacent to, below, beyond, closer to, elsewhere, far, farther on, here, near, opposite to, there, to the left（right/north/south, etc.）, etc.

To concede（譲歩）：
although, it is true that... but... granted that, I admit that, it may appear that, naturally, of course, etc.

To sum up, repeat, or conclude（結論）：
as a result, as has been noted, as I have said, as we have seen, as mentioned earlier, in conclusion, in other words, in short, therefore, to summarize, etc.

Lesson 8　コンピュータで書く（自己紹介文の完成）

> **この課のねらい**
> 自己紹介文をワープロソフトウェアを使って仕上げる
>
> **この課の準備**
> Lesson 6 で手書きした自己紹介文、Lesson 7 の自己推薦文を用意する

1　ワープロソフトウエアを起動する

2　画面各部の名称を確認する
　　タイトルバー①（ダブルクリックしてサイズ調整、ドラッグして窓の位置を移動）
　　　　　　　　　最小化ボタン、最大化（リサイズ）ボタン、クローズボタンがある
　　メニューバー②（メニューをクリックしてプルダウン、さらに項目をクリック）
　　ツールバー　③（様々な機能のメニューやボタンがある、クリックして利用）
　　水平ルーラー　④（段落の開始位置、第1行目、第2行目以降行位置、タブの調整）
　　スクロールバー（文書の表示部分の調整）
　　スクロールボタン（1行ずつスクロール）

　　表示切り替えボタン⑤（画面左下）
　　　下書き表示（高速編集が可能、画像は表示しない）
　　　印刷レイアウト表示（印刷画面と同様に表示、画像なども表示）

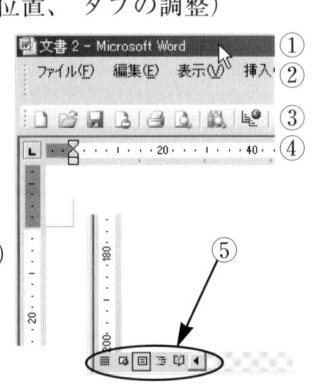

3　書式設定の方法を覚える
　　「ファイル」メニューから「ページ設定」を選択
　　「用紙サイズ」を「A4」「縦」に設定
　　「余白」をすべて「30」mmに設定
　　「行数」を「25」から「29」行の間に設定
　　「フォント」メニューの「英数字用のフォント」を「Times
　　　New Roman」あるいは「Century」に設定、「サイズ」
　　　を「12」に設定

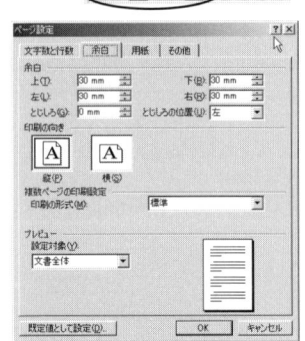

4　課題のフォーマットを覚える
　　氏名、IDなど
　　　ドキュメントの右肩に、クラス名、課題名、学籍番号、氏名
　を記入する。
　　　タイトルは、中央寄せ（センタリング）する。
　　　本文は左寄せで書くむ。

　　ページナンバー
　　　「表示」から「ヘッダーとフッター」を選択する。

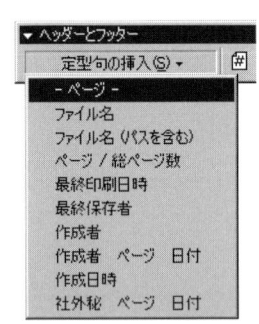

切り替えボタンでフッターを選択する。
「定型句の挿入」から「－ページ－」を選択する。
ページナンバーが入ったことを確認して「閉じる」をクリックする。

5　英文自己紹介文を入力し、保存・印刷する

Lesson 6 で作成した自己紹介文をワードプロセッサで書いてみましょう。

英文ライティングの基本的な入力の方法を確認する

□「直接入力」を確認する。
□文の冒頭の単語は大文字（大文字は［Shift］を押しながら文字キー）ではじめる。
□固有名詞を表す単語は大文字ではじめる。
□ピリオド「．」の後はスペース2つ分空ける。
□コンマ、コロン、セミコロン「, : ;」の後はスペース1つ分あける。
　雑誌・本の題名や CD アルバムの曲名はイタリック体（斜め書体）で表記する。
　論文名や発言を引用する際には、引用符「" "」でくくる。

スペルチェックと文体チェック（Wordの自動訂正機能の確認）

入力した英文文字に赤色の波線が付く時はスペルミス、緑色の波線が付く時には文法ミスの可能性があります。それぞれ当該箇所にポインタを当てて、マウスを右クリックすると、修正の候補が表示されます。正しい修正候補があれば、それを選択して修正します。

フォーマットは整っているか

□パラグラフの体裁はとれていますか。
□行間は充分ですか。

フォルダとファイル

6　文書を保存・印刷する

作成した文書をフロッピーディスクに保存し、印刷する

Lesson 1.doc　Lesson 2.doc　Lesson 3.doc

ファイルとフォルダの概念を理解する（Lesson 1.8 参照）

□ワードプロセッサを使って作成した文書は文書ファイルとして保存される。
□ファイルを整理するためにフォルダを使う。
□フォルダの中には、さらにフォルダを作成することもできる。
□ファイルやフォルダには固有の名前を付けて区別する。

課 題

1. 各自の自己紹介文をワードプロセッサで書式通りに整えましょう。
2. 次にLesson 7 で作成した自己推薦文や、「ふるさと紹介」などのエッセイも、ワードプロセッサで書式通りに整えましょう。
3. 上記のそれぞれの項目について、確実に守られているかどうか点検しましょう。

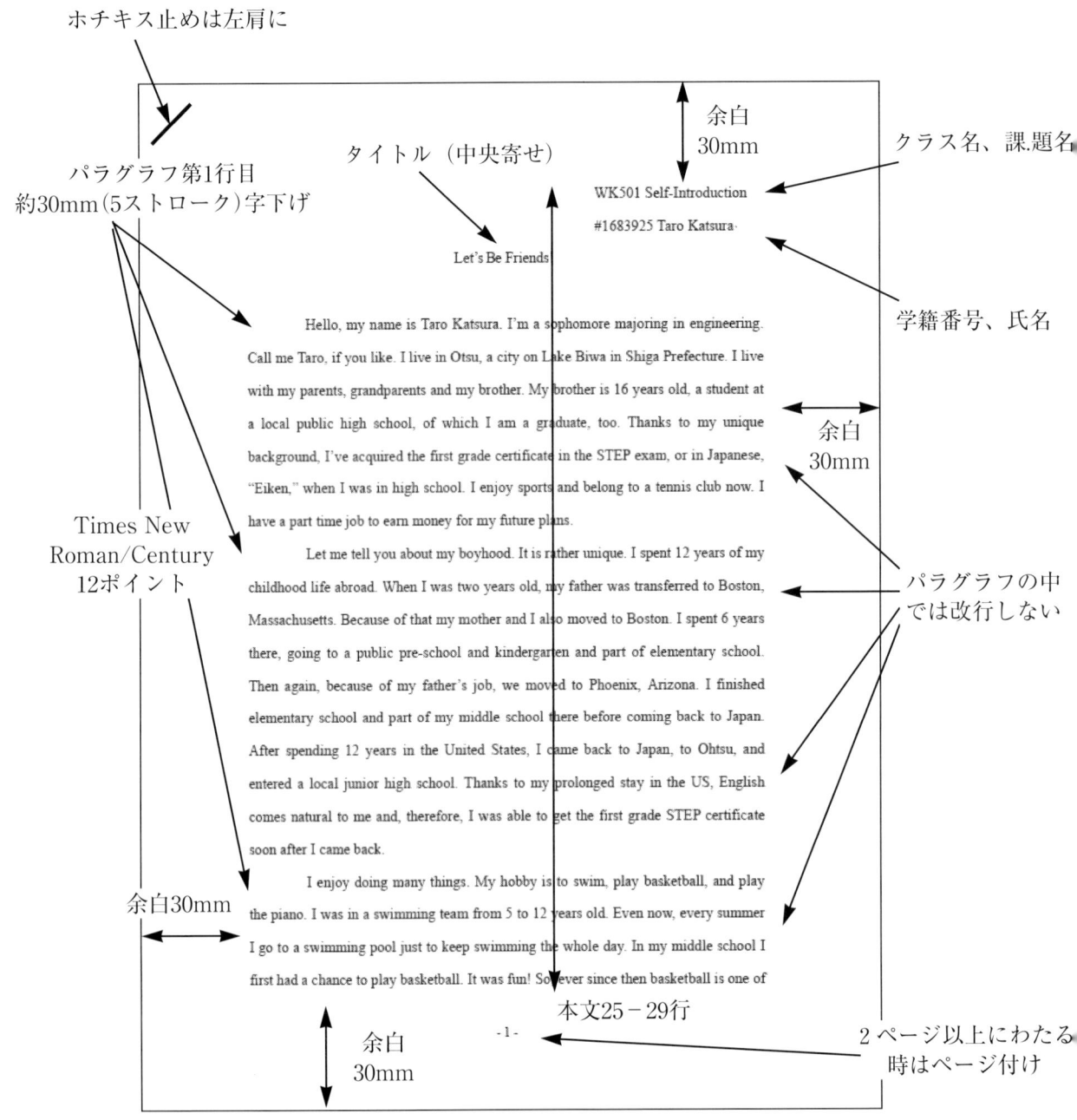

コラム　書式の重要性

　英文でエッセイを書く場合は、定められた書式を守ることが要求されます。手書き原稿が主体だった日本では、コンピュータが発達した現在でも書式については共通した基準がなく曖昧なままですが、タイプライターが発達していた西欧では、コンピュータの普及以前から、文書を書く際の書式の設定については厳密なルールを設けています。書式の手引き書としては、以下のものがよく用いられます。それぞれの専攻分野で用いられる手引き書が異なりますので、調べてみましょう。また、図書館で所蔵を確認し、実際に手にとってどのような規則があるのか、調べてみましょう。どこから出版されているか（出版情報）と、図書館のどこに所蔵しているか（所蔵データ）を調べて記入しましょう。

1. *Publication Manual of the American Psychological Association, 5th ed.*
2. *MLA Handbook for Writers of Research Papers, 6th ed.*
3. *The Chicago Manual of Style, 15th ed.*

私の専攻分野では＿＿を用います。
出版情報は：＿＿＿＿＿＿＿＿＿＿＿＿＿＿＿＿＿＿＿＿＿＿＿＿＿＿＿＿＿＿＿＿
所蔵データは：＿＿＿＿＿＿＿＿＿＿＿＿＿＿＿＿＿＿＿＿＿＿＿＿＿＿＿＿＿＿＿

コラム　十戒

　コンピュータは現在、私たちが直接操作できる思考の道具として、また情報の受信と発信を行うコミュニケーションツールとしてなくてはならないものになっています。コンピュータとインターネットの利用には、通常の社会におけるのと同様な倫理を、行動の規範として守らねばなりません。しかしながら、コンピュータで作られるバーチャルな世界では、ともすれば通常の倫理観が失われがちになります。そこで、インターネットが一般に普及し始めた1992年に、Computer Ethics Institute（コンピュータ倫理協会）が、個人がコンピュータやネットワークを用いる際に心得なければならない「戒め」として10項目を作成しました。以下はその日本語訳です。現在もなお遵守すべき基本綱領となっています。

コンピュータ倫理に関する十戒

1. コンピュータを利用して他人を傷つけてはならない。
2. 他人のコンピュータ作業を妨害してはならない。
3. 他人のファイルをのぞき見てはならない。
4. コンピュータを使って盗みを働いてはならない。
5. コンピュータを使って嘘の証言をしてはならない。
6. 料金を払わずにソフトウェアを使ったりコピーしてはならない。
7. 許可なく他人のコンピュータ資源を使ってはならない。
8. 他人の知的生産物を自分のものとしてはならない。
9. 自分がコンピュータ上で生産するものの社会的影響の重大さを認識しなければならない。
10. 思いやりと敬意が相手にわかるようにコンピュータを使わねばならない。

　　The Ten Commandments of Computer Ethics
　　http://www.brook.edu/dybdocroot/its/cei/overview/
　　　　　　　　　　Ten_Commanments_of_Computer_Ethics.htm

Lesson 9　Webブラウザの利用

> **この課のねらい**
> Webブラウザ（Webページ閲覧ソフトウェア）の利用法を確認する
>
> **この課の準備**
> Internet ExplorerかNetscapeの操作法の概略を、大学発行のマニュアルなどで確認しておく

1　Webページの閲覧など基本的な操作

　Webブラウザは、インターネットのWorld Wide Webという情報発信システムによって提供されるページ（Webページ、ホームページ、HTML文書）を閲覧するためのソフトウェアです。Webページを提供しているサーバ（Webページ情報を発信するコンピュータ）を「サイト」と呼び、そのアドレスとアクセス方法を表記したものをURL（Uniform Resource Locator）と言います（p. 62 参照）。Webブラウザの基本的な利用法については、各大学で配布している操作マニュアルなどを参照してください。

　　基本操作については□＿＿＿＿＿＿＿＿＿＿＿＿＿＿＿＿＿＿＿＿を参照します。

2　Webブラウザの言語について

　大学のブラウザは日本語バージョンのものがほとんどでしょうが、個人で導入する場合には、英語バージョンをはじめとして多言語のブラウザを利用することができますので、海外留学を考えている方などは、外国語表記のブラウザの導入も考えてみてください。以下では、標準的なInternet ExplorerとNetscapeを例にとって解説します。

3　Webブラウザ起動時に表示されるページの設定（個人所有のコンピュータの場合）

　ブラウザを起動した際に表示されるページはユーザ側で設定することができます。
　Internet Explorerの場合、「ツール」メニューから、「オプション」「一般」の「ホームページ」を設定します。
　Netscapeの場合、「編集」メニューから、「設定」「Navigator」の「ホームページ」を設定します。

4　ブラウザのショートカットキー

URLやファイルを開く時

　　Internet Explorerの場合、[Ctrl] + [O] で入力窓が開く。
　　Netscapeの場合、[Ctrl] + [Shift] + [L] で入力窓が開く。

「お気に入り」や「ブックマーク」への登録

　よく訪問するWebページは「お気に入り」や「ブックマーク」に保存します。登録した情報は、さらにフォルダを作成したりして整理できますので、日常的に手入れしておきましょう。
　　Internet Explorerの場合、[Ctrl] + [D] で「お気に入り（Favorites）」に登録する。
　　Netscapeの場合、[Ctrl] + [D] で「ブックマーク（Bookmark）」に登録する。

ブラウザ内の文字列の検索

特に文書が長い場合、キーワードを効率よく見つけ出すには、ブラウザ内の文字列を検索します。ブラウザ上で、[Ctrl]＋[F]で文字列検索窓が開き、この中に求める文字列を入力し、検索します。これは、すべてのブラウザに共通した機能です。

「履歴」の参照

一度訪問したサイトは、ブラウザが「履歴」として記憶していますので、その中から求めるサイト情報を選びます。記憶する期間は調整できます。

Internet Explorer、Netscapeともに、[Ctrl]＋[H]で履歴窓が開きます。

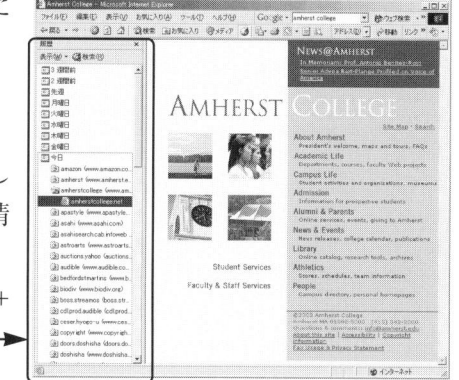

5 「お気に入り」や「ブックマーク」の保存と読み込み

「お気に入り」と「ブックマーク」は、いずれもHTMLファイルとして保存したり（エクスポート）、読み込んだり（インポート）することが可能です。詳しくはAppendix 11 を参照してください。

6 訪問したWebページの保存

ブラウザで閲覧しているWebページの情報を保存するには、「ファイル」メニューから「名前を付けて保存」を選択します。この時、保存するファイルの種類を選ぶことができます。Internet Explorerの場合、「Webページ、完全」は、Webページを画像を含めてほぼそのままの形で保存します。「Webページ、HTMLのみ」では、Webページの文字情報とレイアウトだけを保存します。「テキストファイル」はWebページ内のテキスト情報だけを保存します。それぞれ、利用目的に応じて保存するファイル形式を選ぶとよいでしょう。Appendix 8 を参照してください。

7 ブラウザからの印刷について

ブラウザに表示された内容を印刷する時、表示文書の幅が広いと、紙面に印刷しきれず、文書の一部が欠けてしまう場合があります。このような場合には、プリンタの縮小印刷機能を利用して、画面を印刷用紙の大きさに合わせて印刷するのがよいでしょう。また、Netscapeブラウザは、印刷設定でページ幅を用紙の幅に合わせて印刷する機能を持っています。

課題

1. 上記 4-7 の操作を、解説を見ないでできるようになるまで練習しましょう。
2. 訪問したWebページの所在情報を「ショートカット」アイコンにすることもできます。どのようにしますか。（ヒント：ページ上にマウスポインタを置いて右クリックしてみましょう。）

Lesson 10 ホームページ作成入門(Netscape Composerを使って)

> **この課のねらい**
> ホームページ(Webページ、HTML文書)を作成する基本的な方法を学ぶ
>
> **この課の準備**
> ワープロソフトウェアによる文書作成に習熟しておくこと
> Lesson 8 で作成した自己紹介文やエッセイ、デジタルカメラで撮った写真など

1 ホームページを作成する前に

ホームページを作成するためには、ホームページ作成専用ソフトウェア(ホームページビルダー、Go Liveなど)を用いることもできますが、ここでは、一般的に利用できるソフトウェアを利用する方法を紹介します。ただし、2のWordで作成したホームページは、サイズが大きくなったり、他のソフトウェアでの再編集が難しくなったりしますので、そのような場合には3のNetscapeでの作成を試みてください。大学などで独自の作成ソフトや手引きを準備している場合にはそれらを利用するのがよいでしょう。

　　　　私はホームページ作成のために□＿＿＿＿＿＿＿＿＿＿＿＿＿＿＿を参照します。

2 すでにあるWordの文書をホームページに加工する

Microsoft Wordには、編集文書をHTMLファイルとして書き出す機能があります。これを使ってみましょう。詳しくはWordのマニュアルなどを参照してください。

Word文書を読み込む

自己紹介文あるいはエッセイなどを、フロッピーディスクなどから読み出します。文書に必要な編集を施します。画像を挿入したり、外部ページへのリンクなども必要に応じて付けます。具体的な方法については、Wordのマニュアルなどを参考にしてください。

HTML文書として保存する

「ファイル」メニューから「ファイルの種類」を選択、さらに「Webページ(フィルタ後)」を選択します。「フィルタ後」を選択すると、どのようなWebブラウザでも問題なく閲覧することができます。ファイル名に .htm(あるいは .html)が付いたことを確認して保存します。この時、ホームページ文書専用のフォルダを作成して、その中に保存するとよいでしょう。

Webブラウザで確認する

Webブラウザを起動して、保存した文書を読み込み、ホームページとして見えるかどうか確認します。ブラウザから正しく読め、画像が見え、リンクをクリックして、リンク先のページが正しく表示されれば成功です。

3 Netscape Composerを使ってホームページを新規に作成する・編集する

Netscape Composerの新規作成画面を開く、文書を貼り付ける

1. Netscape を起動し、「ファイル」→「新規作成」→「空白ページ」を選ぶと、Netscape

Composerの新規作成画面が開きます。(または、[Ctrl]+[Shift]+[N]で空白ページを開く。)

2. Wordで作成した文書を読み出し、文書の内容すべてを選択（[Ctrl]＋[A]）して、「コピー」（[Ctrl]＋[C]）します。つまり文字情報だけをコピーします。
3. Netscape Composerの作成画面に戻り、「貼り付け」（[Ctrl]＋[V]）で文書を貼り付けます。

ホームページに名前を付けて保存
1.「ファイル」から「名前を付けて保存」をクリックします。
2. Aドライブのフロッピーディスクに、適当なファイル名を付けて保存します。
注意：HTML文書に名前を付ける際には半角英数文字を使いましょう。
　　（例：index.html, Sakura001.htmlなど）
　ファイル名にスペースが入らないようにしましょう。
　スペースが入ると、サーバ上にアップロードしても、ページが表示されないことがあります。

すでに作ってあるHTML文書を編集する
「ファイル」→「ファイルを開く」で、文書を読み出す。
該当文書を開き、「ファイル」→「ページを編集」を選びます。

ページの編集・加工
Composerの文書は、通常のワープロ文書と同様に、編集することができます。しかしながら、文書の内容に関しては、できるだけComposerで編集する以前に完成しておくようにしましょう。
1. Composerのツールボタンを使って、フォントの大きさや文字種、タイトルの位置などを自由に変えることができます。
2. インデント（字下がり）はインデントボタンを使い、タイトルや筆者名を中央や右端に寄せたい時は、該当文字を選択してから、「配置」ボタンなどをクリックし、左寄せ、右寄せ、中央を選びます。
3.「書式」→「ページの配色と背景」を選び、ページの色と文字の色を選ぶことができます。
4.「書式」→ページのタイトルとプロパティ」でページにタイトルを付けます。

ハイパーリンクの作成
　Webページの特徴は、様々な画像やページに一瞬にしてジャンプすることのできる「ハイパーリンク」が作成できることです。リンクを設けることができるのは、同一文書の特定の場所、同じサイトにある他の文書、インターネット上の特定の場所、e-mailアドレスな

どで、どのような情報源でも、Webブラウザで扱えるものであれば、リンクすることができます。
1. リンクを付ける前に、何に対してリンクが必要なのかをよく考えます。また、画像や他のページにリンクしようとしている場合には、その画像やページの作成が完成していなければなりません。

    インターネット上の画像やページには著作権がありますので、これらを利用したり、引用したりする場合には、それが原作者の権利の侵害や剽窃にならないよう、十分に配慮する必要があります。詳細はAppendix 2 を参照してください。
2. 文字列を選択して、ポインタを合わせ、マウスを右クリックして、メニューから「リンクを作成」を選択します。

    あるいは、メニューバーから「リンクの作成」ボタンをクリックします。
3. 1）で考えた、あるいは用意した画像やページにリンクを付けます。

    □私は、＿＿＿＿＿＿＿＿＿＿＿＿＿＿＿＿＿＿＿＿＿＿＿＿＿＿＿＿＿＿＿にリンクを付けました。

    □私は、＿＿＿＿＿＿＿＿＿＿＿＿＿＿＿＿＿＿＿＿＿＿＿＿＿＿＿＿＿＿＿にリンクを付けました。

写真を挿入する

1. デジタルカメラなどで撮った写真を用意します。写真は通常 .jpgのファイル形式で保存されています。画像ファイルをHTMLファイルと同じフォルダに入れるか、別に写真用のフォルダを作成してそこに写真ファイルをコピーします。
2. 編集画面で「挿入」から「画像」を選択し、画像を指定して、「OK」をクリックします。次に画像のレイアウトを調整してください。
3. 写真や画像とHTML文書は、リンクで結ばれていますので、HTMLファイルをサーバに送信する時には、画像ファイルもまた、同様に送信しなければなりません。フォルダ（ディレクトリ）を作成して、その中に画像ファイルをコピーした場合には、その画像フォルダも、サーバ側に送り込む必要があります。

上書き保存

もとのページを更新する場合には、必ずファイルを上書き保存してフロッピーディスクに保存しましょう。

課題

1. 自分の趣味や旅行や日常生活を紹介するエッセイや写真、リンク情報などを材料にしてホームページを作成しましょう。
    - 写真やリンクを加えて楽しく紹介できるようなページを作る
    - フォントの大きさと色を工夫して読みやすい文字にする
    - 文字情報のレイアウトを工夫して読みやすいページにする
2. 次に、写真を集めて、1ページ1枚の写真に、簡単な解説を付け、ページとページをリンクでつないで、1枚ごとに写真と文章が切り替わる紙芝居のように仕立ててみましょう。何枚で構成するか、どの順で展開するか。ページに必要なものは何か。写真、文章、次のページへのリンク、前のページへのリンク、トップページへのリンク、表紙を作成する。すべてのページがリンクして、スムーズにつながるか点検する。

コラム　絶対パスと相対パスを理解する

パスとは何か

「パス」とは、英語の"path"のことで、リンクされたページや画像への道筋です。ホームページにリンクを作成する場合には、リンク先への正しいパスが記述されなくてはなりません。パス情報はホームページを閲覧した時には、リンクに埋め込まれており、ページ上には明示されませんが、ポインタをリンクの上に持ってきた時に表示されます。パスが正しく記述されている場合には、リンクをクリックすると、リンクされた対象が表示されます。パスは、Netscape Composerのようなホームページ作成ソフトウェアを用いて記述するのがよいでしょう。

パスには、"http://"などで始まり、その情報だけで世界のどこからでもそのリンクが開く「絶対パス」と、ホームページがあるフォルダ（ディレクトリ）中での相対的位置関係を示す、「相対パス」とがあります。あるページから他のサーバのページへのリンクは、「絶対パス」を記述しますが、同じサーバのページや写真などにリンクする場合には、「相対パス」を使うことが多いです。

相対パスとフォルダ（ディレクトリ）

相対パスの場合、例えば、ホームページのトップページが、index.html（英文）というファイル名であるとしましょう。このファイルの位置をルート（root、根っこ）と呼びます。同じ位置にindex-j.html（日本語文）があるとします。さらにこの位置（root）に、bunshoというフォルダを作って、self-introduction.htmlとmy-hometown.htmlを作りました。さらにindex.htmlと同じ位置（root）にimagesというフォルダを作り、そこに写真my-hometown001.jpgとmy-portrait.jpgを入れてあるとしましょう。すると、位置関係は以下のようになります。

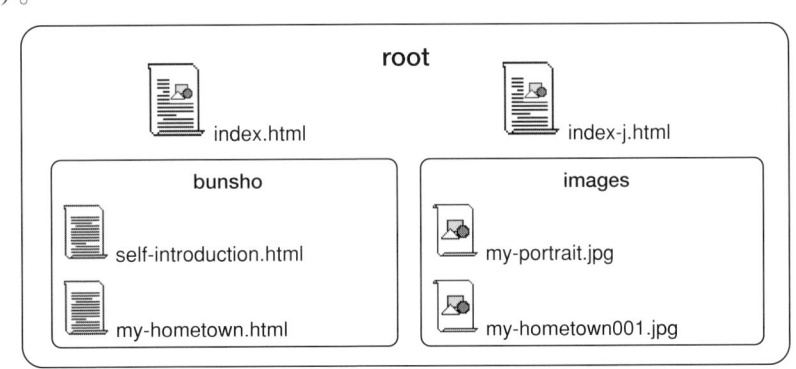

```
root
├── index.html           index-j.html
├── bunsho
│   ├── self-introduction.html
│   └── my-hometown.html
└── images
    ├── my-portrait.jpg
    └── my-hometown001.jpg
```

位置関係をパスに記述する際の原則は以下の通りです。(強調のため下線を施してあります。)

1. 同じフォルダ（ディレクトリ）内にあるものはそのままの名前で記述する。
   例：index.htmlからindex-j.htmlはそのまま記述します。
2. 入れ子になっているフォルダの内側（rootから遠いもの）のものは、フォルダの名前を付加して記述する。
   例：index.htmlからmy-hometown.htmlは、/bunsho/my-hometown.htmlと記述します。
3. 入れ子になっているフォルダの外側（rootから近いもの）のものは、..を付加して記述する。
   例：my-hometown.htmlからindex.htmlは、../index.htmlと記述します。
4. 入れ子になっていないフォルダのものは、相対的な位置関係を付加して記述する。
   例：my-hometown.htmlからmy-hometown001.jpgは、../images/my-hometown001.jpgと記述します。

パスは一見すると難しそうですが、きわめて論理的な概念ですから、ホームページを作成しながら理解してください。

Lesson 11 ファイル転送を学ぶ（FTPの使い方）

この課のねらい
FFFTP（FTPクライアントソフトウェア）を利用して、必要なファイルをサーバに送信する方法を学ぶ

この課の準備
前課で作成したホームページ（HTMLファイル）の入ったフロッピーディスク、USBメモリなど

1 FTP（File Transfer Protocol）とは何か

FTPは、コンピュータで作成したファイル（文書ファイル、画像ファイルなど）を、インターネットを経由してコンピュータ（端末、クライアント）からコンピュータ（サーバ）へ転送する機能です。ここでは、FFFTPというソフトウェアを使ってこの機能を学びます。

FTPはホームページを公開する時に必ず用いるインターネットの機能です。ホームページを作成する時には、まず、手元のコンピュータ（クライアント）でHTMLファイルを作成しますが、次に、それを公開するために、Webサーバに送信しなければなりません。市販のホームページ作成ソフトウェアでは、FTPの機能が内部に隠されていますが、これをしっかりと意識して利用することは、ホームページの作成と管理にとても重要なことです。

☐FTPの機能について、理解しました。

FFFTPはフリーソフトウェアで、以下のURLからダウンロードし、個人のコンピュータにインストールして使うことができます。詳細は Appendix 14, 15, 16 を参照。

http://www2.biglobe.ne.jp/~sota/ffftp.html

2 起動と設定

FFFTPアイコンをダブルクリックする。
下記の画面が開くので、「新規ホスト」をクリックする。
下記の設定画面に必要事項を入力して、OKをクリックする。

☐ホストの設定名は _____ を使います。　　☐ホスト名（アドレス）は _____ です。

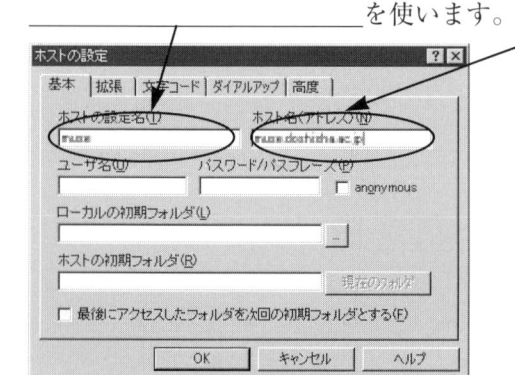

Webサーバ

HTMLファイルは、24時間稼働しながらホームページ情報を提供しているコンピュータに、FTPで送信することによって、公開することができます。このようなホームページを提供しているコンピュータをWebサーバと呼びます。サーバのアドレスやファイルの送付場所については担当者に尋ねてください。

3 接続

ホスト名と接続設定が記録され、ホスト名を示した接続アイコンが作成される。アイコ

ンを選んで、「接続」をクリックすると「ユーザ名」「パスワード」を尋ねてくるので、必要事項を入力して、OKをクリックする。

4 ファイル転送

ホストに接続するので、担当者より指定されたサーバ側のディレクトリ（フォルダ）をダブルクリックして開く。例はフォルダ01。

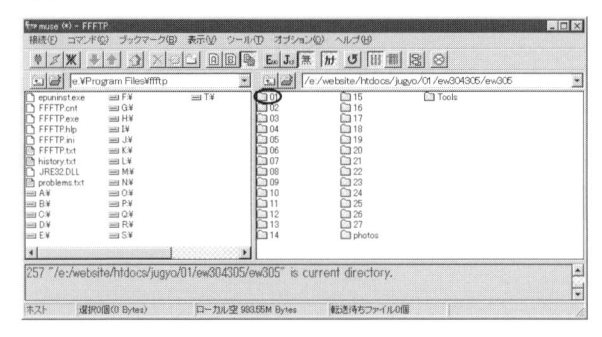

ロケーションウィンドウで、指定されたディレクトリであることを確認する。

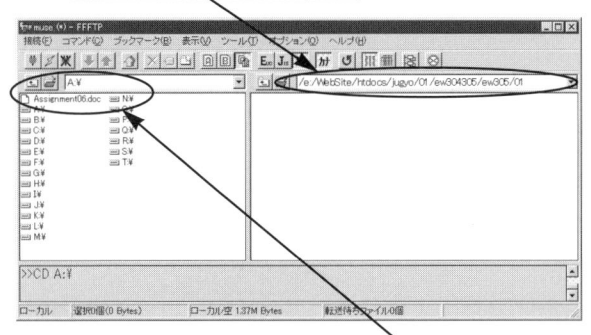

左窓に転送したいファイルを表示する。ここでは、A:¥ドライブ（3.5インチフロッピーディスクドライブ）の中のAssignment06.doc。

転送したいファイルを右窓の中にドラッグ・アンド・ドロップするだけで、ファイルの転送が完了、クライアントのA:¥ドライブから、サーバの01フォルダにAssignment06.docが転送される。

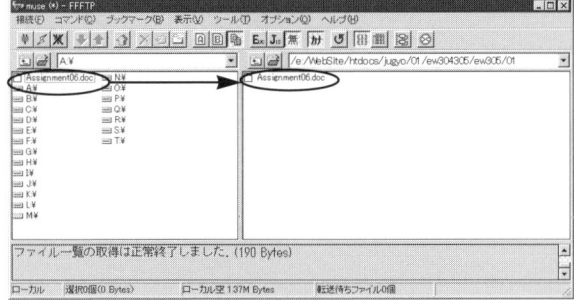

（課 題）

1. HTMLファイルの内容を変更した場合には、その都度ファイルをサーバに送り、ブラウザの「更新（Reload）」ボタンを押して、ホームページの更新を確認しましょう。
2. Webサーバは、また、WordやExcelで作成したファイルや画像ファイルなどの保管場所として使えます。趣味や勉強に役立てるための利用法を考えてみましょう。

Lesson 12　電子メールの利用 1（基本）

> **この課のねらい**
> 電子メール（メールあるいはe-mail）の基本的な送受信の方法を習得する
> アドレス帳の設定など、メールソフトウェア（以下、メールソフト）の個人設定の方法を知る
>
> **この課の準備**
> 学校で使うメールソフトと、プライベートで使うメールソフトの基本機能を理解しておく
> コンピュータにインストールして使うメールソフトと、Webブラウザから使うメールサービスの違いを考えておく

1　電子メールの概要を知る

メールシステムの概要について知る
大学によってメールシステムは異なります。各大学発行のマニュアルなどを参考にしてください。
　□私は、＿＿＿＿＿＿＿＿＿＿＿＿＿＿＿＿＿＿＿＿＿＿＿＿＿＿を参照します。

メールサーバの役割について知る
メールサーバには、POP、SMTPなどメールを配信・保管したりするサーバの他に、ウィルスメールや迷惑（スパム）メールなどを撃退するフィルタリングサーバもあります。

2　メールソフトの起動と利用

大学によって、メールの送受信に利用できるソフトウェアが異なっています。
　□この教室では、＿＿＿＿＿＿＿＿＿＿＿＿＿＿＿＿＿＿＿＿＿を使います。
また、ソフトウェアによって使用法も異なります。
　□メールソフトの使い方は＿＿＿＿＿＿＿＿＿＿＿＿＿＿＿＿＿を参照します。

メールソフトそれ自身にはウィルスの駆除機能がありません。自宅で使う場合には必ずウィルス駆除ソフトウェアでコンピュータを守りましょう。

AL-MailはAcdemic Freeware（学校関係者にはフリーソフト）で、多くの大学で利用されています。下記のURLからダウンロードし、登録して使います。
　http://www.almail.com/

多くの大学御用達のAL-Mail

ヘビーユーザ御用達のBecky!

Becky! Internet MailやEdMaxはシェアウェア（ダウンロードして使う有料ソフトウェア）で、使いやすいソフトウェアです。
　Becky!: http://www.rimarts.co.jp/index-j.html
　EdMax: http://www.edcom.jp/

3　Web上で使うメールシステム（Webメール）の利用

大学によっては、Active!mailなどのWebブラウザから利用できるメールシステムを利用できる場合があります。まず、ブラウザを起動してから、所定のURLを入力します。

□本学のWebメールのURLは、＿＿＿＿＿＿＿＿＿＿＿＿＿＿＿＿＿＿＿＿＿＿＿＿＿＿です。
□利用法は、＿＿＿＿＿＿＿＿＿＿＿＿＿＿＿＿＿＿＿＿＿＿＿＿を参照します。

アクセスするとログイン画面になりますので、ユーザIDとパスワードを入力してください。

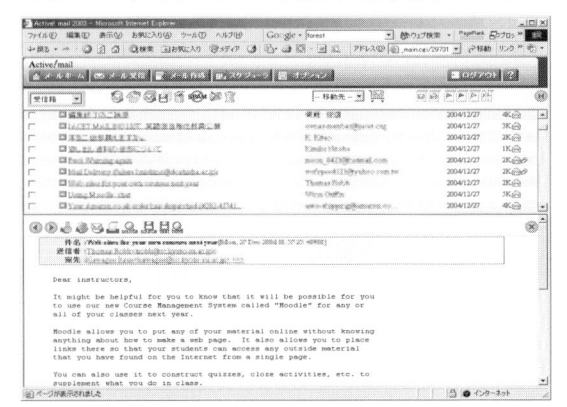

Webベースのメールサービスは、Yahoo!やGooなどのフリーメールからも提供されています。世界中どこからでもアクセスできますので、必ず1つはアカウントを持っておきましょう。

Active!mailのメール受信画面です

4 メールの構成

メールには必ず、主題欄にメールのタイトル、本文に相手の名前、用件そして自分の名前（署名）を入れます。簡単な挨拶と結語も必要です。これは、相手に手紙を出したり、電話をかける場合と変わりません。

□私はメールに、必ず□タイトル、□相手の名前、□用件、□署名を入れます。

5 個人設定（メールアドレス帳や住所録の整理）の方法について知る

メールソフトでも、Webメールでも、メールボックスは個人のものです。メールアドレスや住所録など個人の情報を整理して保存しておくことができます。試みてください。

□個人設定の詳細は＿＿＿＿＿＿＿＿＿＿＿＿＿＿＿＿＿＿＿＿＿＿＿＿＿＿＿を参照します。

6 メール転送の方法について学ぶ

自分のアカウントに受信したメールは、他のアカウント（商用プロバイダや、携帯電話のメールアドレス）に転送することができます。

□本学のメール転送設定ページのURLは＿＿＿＿＿＿＿＿＿＿＿＿＿＿＿＿＿＿＿＿です。

課題

担当者を相手に見立てて、先に書いた自己紹介文、自己推薦文などを参考にしながら次のような内容の英文メールを書いてみましょう。
1. サマープログラムのホストファミリーに自己紹介メールを書く。
2. 留学希望先の大学の学部学科に詳細資料の送付を依頼するメールを書く。
3. 短期留学してくる大学生に受け入れ側として打ち合わせのメールを書く。
4. 実際に英文メールを出す状況を作り出して、メールを送ってみましょう。

Lesson 13 電子メールの利用2（応用）

> **この課のねらい**
> 電子メールソフトウェアについてさらに詳しく知る
>
> **この課の準備**
> 前課のレッスンの作業内容を十分に復習し、理解すること

1 添付ファイルを送る

添付ファイルについて理解する

添付ファイルの送受信とは、電子メールを利用して、ワープロ文書や写真など様々な電子ファイルを送受信することです。現在、デジタル化できるものはすべて電子メールの添付ファイルとして送受信できるようになりました。

添付ファイルの危険性

添付は便利な機能ですが、これを利用して、ウィルスが送られることもあります。見知らぬ相手から届いた添付ファイルには気を付けましょう。万一に備えて、ウイルス検知・駆除ソフトウェアをインストールしておくことは、常識です。

添付ファイルの迷惑

最近増えているのが巨大ファイルの添付です。特に写真を貼付する場合には、サイズに注意しましょう。300キロバイトを超えるようなファイルは、受取側が高速回線を利用していないと、ダウンロードに大変に長い時間がかかります。それに相手のメールボックスをあふれさせてしまって、トラブルを起こすこともあります。

相手に親切に！

添付ファイルを送る場合には、メール本文に添付文書がどのような内容のものであるかを書き入れましょう。
写真は少し工夫して、トリミングしたり、解像度を落とすか、あるいは、印刷して封書で送りましょう。インターネット時代だからこそ、一筆添えた封書は、かえって送り手の気配りが伝わります。
□添付ファイルの特徴と使い方について、理解しました。

2 メールソフトを利用して添付ファイルを送る

ソフトウェアによって手順が異なりますが、多くの場合、メール作成画面に送りたいファイルをドラッグ・アンド・ドロップすれば設定されます。
□メールソフトの添付については＿＿＿＿＿＿＿＿＿＿＿＿＿＿＿＿を参照します。

3 Webメールから添付ファイルを送る

画面の中に添付ファイルを設定する部分がありますので、それに従いましょう。

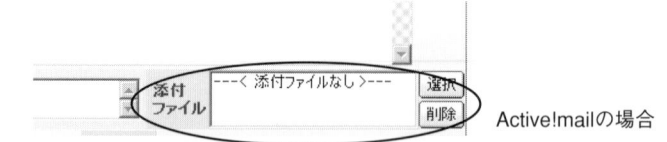

Active!mailの場合

4　メールは個人のもの

　　電子メールは基本的には個人のものです。会社などでは部課単位で扱うこともありますが、皆さんの電子メールは個人利用です。絶対に他人にメールのパスワードを与えるようなことをしてはいけません。悪意のある人にパスワードが渡ると、皆さんの名前で、ウィルスメールやとんでもない内容のメールが大量に送られることにもなりかねません。

　　また、他人のアカウントからレポートなどを添付ファイルで提出することも厳禁です。そのような場合、誰がいったいそのレポートを書いたのかわからなくなります。そのようなレポートは受け付けられない場合がほとんどです。

　　□メールアカウントの扱いについてよく理解しました。

5　メールは会社のもの

　　前項と矛盾するようですが、勤務先で送受信するメールは会社のものです。米国では会社内の個人利用のコンピュータの中身はもちろん、留守番電話（answering machine）の録音でさえ、会社のものとされる判例が出ています。勤務先では個人メールは御法度です。勤務時間内と勤務時間外のけじめを付けましょう。

　　□メールの公的・私的な使い分けについて理解しました。

6　メールは筒抜け

　　電子メールは、インターネット上でテキストデータをやりとりするシステムです。通常はデータに暗号がかかりませんので、万が一にも悪意のある者にメールの内容を覗かれる可能性は否定できません。間違っても、暗証番号やクレジットカードの情報、機密に属する情報を送信しないように心がけてください。どうしてもメールで機密情報を送る必要がある時には、PGP（Pretty Good Privacy）などの暗号化機能を備えたメールソフト同士で、暗号化機能を有効にして情報をやりとりする必要があります。

　　□機密保持に関してメールが基本的に脆弱であることを認識しました。

7　複数の宛先にメールを送る（同報通信の「cc.機能」と「bcc.機能」の理解と利用法）

　　cc.（carbon copyあるいはcourtesy copy）として複数アドレスを設定し、送信（同報通信）すると、個々の受け取り側にすべての宛先アドレスが明らかになります。メールアドレスを知られたくない人にとっては、個人情報の漏洩と受け取られかねません。したがって、cc.は同報通信で互いにアドレスを知られてよい場合にのみ用います。一方、bcc.（blind carbon copy）として複数アドレスを記入した時には、受け取り側からは発信人のアドレスしか明らかになりません。よほど親しい仲間うちでなければ、bcc.を利用するのが賢明です。

　　□「cc.機能」と「bcc.機能」の違いについてよく理解しました。
　　□私の利用するメールソフトでの「bcc.機能」の使い方を習得しました。

　　Appendix 3, 4, 5 に、電子メール利用の大切なマナーを紹介しています。参照してください。

課題

1. 添付ファイルを自分宛に送って送受信の方法を確認しましょう。
2. Lesson 8 で作成した自己推薦文を添付ファイルとして担当者に送り、アドバイスをもらいましょう。

Lesson 14　プレゼンテーション（口頭発表）の心得 1

> **この課のねらい**
> 効果的なプレゼンテーションを準備する方法を学ぶ
> **この課の準備**
> Lesson 5, 6, 7 を復習し、ライティングについての要点を確認する
> どのような目的で何を発表するのかを明らかにし、必要な情報を集める

1　目的を明らかにする

　効果的なプレゼンテーションを行うためには、まずプレゼンテーションの目的を明らかにしなければなりません。独自の研究結果の発表か、解説・紹介のためか、説得のためか、それぞれの目的に応じて、プレゼンテーションの内容が少しずつ異なります。

2　聴衆を分析する

　次に聴衆の分析が必要です。比較的私的な集まりか、公的なものか、学術的なものか、聴衆の予備知識はどの程度かなど、それによって内容、用語や口調を調整します。

3　プレゼンテーションの前提としてのパラグラフ、エッセイライティング

　よいプレゼンテーションを準備するには良い内容の原稿（エッセイ）を準備しなければなりません。よい原稿は、よいパラグラフから構成されます。Lesson 5, 6, 7 を参照して、よいパラグラフの作り方、よいエッセイの書き方を復習してください。プロセスを確認します。

- ☐ プレゼンテーションの目的を明確にする。
- ☐ 聴衆を分析する、構想を練る。
- ☐ ブレインストーミングを行う。
- ☐ 資料を収集し、分析する。
- ☐ 主題を決定する、主題文を決定する、仮の表題を決める。
- ☐ アウトライン（構成）を決定し、草稿を書き始める。
- ☐ さらに資料を集め整理・分析し、Body 部分（議論、例示、引用）を充実させる。
- ☐ 論旨が明確になるよう、改訂作業を繰り返す。
- ☐ 導入と結論部分を工夫して、表題を最終決定、最終改訂を経て完成する。

4　口頭発表の特徴

　プレゼンテーションには、口頭発表としての特徴があります。原稿を作成する際には以下のことに注意する必要があります。

- ☐ 一文（センテンス）を短くする。
- ☐ 受動態よりも能動態で語る。
- ☐ わかりやすい語彙を用いる。
- ☐ 構成を明確にして、何が要点（ポイント）かを明らかにする。
- ☐ 要点は少なめにあげ、解説や例示で印象づける。
- ☐ 要点の要約を繰り返す。

5 口頭発表の構成

　口頭発表も、パラグラフ・ライティング同様に、Introduction（序論）、Body（本論：議論、例示、引用など）、Conclusion（結論）から構成するのがよいでしょう。初心者のうちは、本論をさらに三部構成とするのがよいでしょう。また、Introductionの後とConclusionの前には、それぞれプレゼンテーション全体を俯瞰できるように、構成の概要（Outline）と要約（Summary）を入れます。

Introduction	Hello. My name is . . . . I'd like to talk to you today about . . . .
Outline	I've divided my talk into . . . .
Body A	Let me start with . . . . /First, I'd like . . . . So, that covers . . . .
Body B	Let's move on to . . . . / Secondly, ... Let's leave that there and . . . .
Body C	That brings us to . . . . / Finally, ... As I have mentioned above . . . .
Summary	To sum up . . . .
Conclusion	In conclusion . . . .

このように5つの段落で構成した文章を、five-paragraph essayといい、文章構成の基本とされます。

6 リンクを設ける

　構成の主要部分の末尾と開始部分には、それまでのまとめと次の部分への開始を予告する「リンク」を設けます。上記の、"So, that covers . . . /Let's move on to . . ." などがそれに当たります。

7 Introductionを工夫する

　Introductionに含まれなければならない情報にはどのようなものがあるでしょうか。
- □挨拶、名前と身分
- □プレゼンテーションの表題や主題
- □プレゼンテーションの目的
- □プレゼンテーションにかける時間
- □発表の要点
- □質問のタイミングについて

8 Conclusionを工夫する

- □終了への合図　□重要な点の要約　□結論　□挨拶　□質問を誘う

課題

1. これまでに作成したエッセイのうちホームページにしていないものを素材にして、上記のチェックリストを参照しながら、プレゼンテーション用の原稿を完成させてみよう。
2. また、新たに「旅で訪れたい国と町」、「留学したい大学」などについてプレゼンテーション用の原稿を完成させてみよう。

Lesson 15　プレゼンテーション（口頭発表）の心得 2

> **この課のねらい**
> 効果的なプレゼンテーションの方法、特に視覚資料の作成について学ぶ
>
> **この課の準備**
> 前課の課題で作成したプレゼンテーション用の原稿「旅で訪れたい国と町」などを準備します
> PowerPointの基本的な利用法を、各大学発行の手引き書などを参考に練習しておきます
> □私は、＿＿＿＿＿＿＿＿＿＿＿＿＿＿＿＿＿＿＿をPowerPointマニュアルとして利用します。

1　視覚的な補助（PowerPointを使って）

　プレゼンテーションは文字ばかりでなく、統計データなどを表やグラフにして、視覚的な補助として使うことで、印象を強めることができます。現在、企業や学会では、PowerPointなどのプレゼンテーション用ソフトウェアを用いる設備が整っていますので、PowerPointを用いて作成するスライドショーは、手軽で効果的なプレゼンテーションの方法です。

　また、PowerPointスライドショーで表示した資料は、縮小印刷機能を用いて印刷物に仕上げ、配布すると、スライドが見えにくい位置にいる聴衆に親切ですし、発表の印象を強めることができます。準備は以下のプロセスで進めます。

□視覚資料を収集、作成する。
□必要に応じて、音楽やアニメーション効果などを挿入する。
□スライドを切り替えながら発表の練習を行い、改良する。

2　スライドのデザイン

□話の要約や補助的情報をわかりやすく表示する。
□グラフ、表、画像、文字などのうちから、もっとも効果的なものを選ぶ。
□言葉はキーワードやキーフレーズで、文を用いる場合はできるだけ短く簡潔にする。
□文字の大きさは、部屋の隅から見てもわかるよう工夫する。
□一目で1項目を読了できる量にする。
□色の使用は望ましいが、控えめにする。

3　スライドの利用法

□多用しない。
□スライドを読まない。
□聴衆がスライドを理解していることを確認する。
□ポインタやマスキングなどで、説明個所に注意を向ける。
□発表時には、スライドではなく聴衆を見る。
□発表者の体で聴衆の視線を妨げない。

4　原稿とカードとスライド

　前課では、原稿の大切さを説きましたが、本番の発表ではできるだけ原稿なしで行うの

が理想です。その方が聴衆の反応（audience response）をよりよく確認でき、やりとり（interaction）ができるからです。

　また、プレゼンテーションでは、原稿をカードに書いて準備するのもよい考えです。聴衆に応じてカードを組み替えたり、予定していた時間に終わりそうもない場合には、カードの差し替えで短めにプレゼンテーションを再構成できるからです。

　PowerPointを使う時も、あらかじめ構成をよく考えておき、聴衆の反応によって、また、時間の制約によって、再構成したり、カットできる部分を考えておくと、本番で困りません。

5　スライドのアニメーション効果について

　PowerPointのスライドには文字を滑らせて導入したり、ページをめくるように切り替えるアニメーション効果が付加できます。これらは、くどくならない程度に利用すれば効果的な場合があります。特に項目を横からスライドして導入するアニメーション効果は、話題の展開と共に用いることによって、聴衆の視線を発表者に向け、話題に集中させる効果が期待できます。

6　発表態度とBody Languageと発声

　プレゼンテーションは、できるだけ原稿を暗記し、視線を聴衆に向けて行います。聴衆の反応を見て、説明を付加したり、強調したりする必要があります。自信に満ちた態度で聴衆に向かうには、以下のような点に配慮が必要です。

　　□発表内容に自信を持つ。（内容の独自さに自信を持ちましょう）
　　□さわやかな清潔感のある服装をする。（発表の場にふさわしいように）
　　□よい姿勢を保つ。（タイピングの時と同様です）
　　□手の位置を配慮する。（自然なジェスチャーが欲しいところです）
　　□視線をまんべんなく聴衆の上に注ぐ。（アイコンタクト）
　　□表情豊かに発表する。（内容への情熱を示して）
　　□体の動きに留意する。（緊張していると思う時には、手や足の動きなどに癖が出ていないかどうか意識しましょう）
　　□はっきりと明瞭に、適切な音量で発声する。
　　□メッセージが相手に理解されたことを確認できる速度で話す。

7　補助者の利用、その他

　スライドの操作を補助者に任せる場合には、はっきりとどこで次の画面に進むか、切り替えるかを指示します。英語では "Next, please." や "Next slide, please." と言います。

　レーザポインタが利用できる場合には、それを用いて現在話している箇所を指示するのが効果的です。しかしこの場合には、ポインタを長時間利用しないよう、画面上であまり移動させないよう、注意が必要です。また、レーザ光線の直接照射は網膜を痛めるので、間違っても聴衆に光線を向けないよう配慮しなければなりません。

（課　題）

1. 前課の原稿「旅で訪れたい国と町」などを用いて、実際にPowerPointでのプレゼンテーションを作成し、実行しましょう。
2. 目的によって多少の違いはありますが、以上の解説から判断して、プレゼンテーションをどのような基準（クライテリア）で評価したらよいでしょうか。各自で考え、評価表を作りましょう。

Lesson 16 英語リーディングの工夫

> **この課のねらい**
> 英語のリーディング、特にWebページを読んで情報を得る方法を学ぶ
>
> **この課の準備**
> パラグラフやエッセイの書き方、プレゼンテーションの方法のプロセスを振り返る

1 ライティングとリーディング

これまでのライティングやプレゼンテーションでは、どのようなプロセスに沿ったかを復習しましょう。そのプロセスを理解することがよりよいリーディングにつながるはずです。

- タイトルやサブタイトルを読む、序論・結論を読む → 主題を理解する、主張を理解する
- トピック（キーワード）やトピックセンテンスを拾う、図版や表を読む → 全体の構成を理解する、論旨の展開を理解する
- つなぎ言葉を拾う → さらに詳細に論旨の展開を追う

2 Webページを読む

Webページを読む際、時間をかけて読まなければならない論文などは、印刷して読むのがよいでしょう。それ以外の目的で、情報をすくい取るためには、スキミングとスキャニングという方法があります。

スキミングは、その名の通り、文書全体の内容をすくい取るように理解することです。
スキャニングは、文書の中から特定の情報についての記述を見つけ出すことです。

3 スキミングの方法

主題は何か、結論は何か、どのように主張を展開しているかを読み取る。
タイトルから何が読み取れるか。
キーワードは何か。
図や表から何が読み取れるか。
始めと終わりを読む。
パラグラフの冒頭を読む。
全体像をつかむ。
論理の展開を段落ごとにつかむ。

4 スキャニングの方法

タイトル、小見出し、図や表から内容と構成を把握する。
パラグラフの冒頭を読む。
当該箇所と思われる部分が見つかれば、その箇所に集中して読む。
求める情報はどのように記述されているかを理解する。

5 語彙力と文法力の養成

正確に速く文書を読むためには語彙力の増強と文法力の養成が欠かせません。いったん学習した単語は単語帳などを作成して必ず覚える、文法事項はこれまで学習した参考書を開いて再度確認する、という地道な努力が必要です。単語帳作成に関しては、Lesson 23（p. 60）を参照してください。

6　スキーマの活性化

「スキーマ」とは、わかりやすく言えば、読み手が持っている「予備知識、背景知識」のことです。リーディングの際に、タイトル、写真、図版、段落の冒頭の文などを手がかりにして、内容や展開を予測することを、「スキーマを活性化する」と言います。このためには自分の中に読解を助ける予備知識や常識を蓄えねばなりません。

7　「引き出しの数」を増やそう

語学力は、一朝一夕には伸びません。しかし、なかなか伸びないと思っていても、毎日こつこつと努力していれば、いつの間にかこれまでとは異なるレベルにいることにふと気づいて、うれしい驚きを体験するのも、また語学学習の楽しみです。

リーディングについても同様で、日々の努力が大切です。単語や文法・構文がほぼ理解できても、その「内容」が理解できなければ、「訳せるけれどわかりません！」ということになってしまいます。日本語で読んでわからない内容は英語で読んでもわかるはずがありません。どのような内容にも柔軟に対応できるように、日頃から問題意識を持って生活し、人間生活の様々な側面について知識を仕込み、推察力、洞察力を養うことが大切です。

英語はあくまでも「媒体」ですから、それに乗せて伝達される内容は、人間生活のあらゆる面にわたっています。毎日、新聞をきちんと一面から読んでおくことも、リーディングをはじめとして英語上達にとても役に立ちます。「情報の引き出し」をたくさん作り、中身を豊かにしておくこと、常識と教養を身に付けておくこと、遠回りなようですが、このような地道な努力が英語のリーディングのために、とても大切であることを覚えておいてください。

課題

スキミングの練習
1. http://www.nps.gov/stli/prod02.htm の "Statue of Liberty History" から、Statue of Liberty（自由の女神）がどのようにして建設されたかを読み取りましょう。

　_____
　_____

スキャニングの練習
2. http://www.americanparknetwork.com/parkinfo/sl/history/liberty.html にアクセスして、Statue of Liberty（自由の女神）が、米国独立100周年展覧会（1876年）とパリ万博（1878年）でどのように展示されたかを読み取りましょう。

　_____
　_____
　_____

Lesson 17 Webで情報検索

この課のねらい
Webの情報源から求める情報を効率よく検索する方法を学ぶ

この課の準備
大学発行のガイドブックなどの、「情報検索」の項目に目を通しておきましょう

1 検索ツールの種類

インターネットの検索システムには2つの種類があることを理解しよう。

ディレクトリ・サービス

これは、インターネット上の情報源を人の手によって主題別に選択して分類したシステムです。比較的小規模で、関連分野の情報を整備した階層構造のリンク（ディレクトリ）を1つずつ吟味しながら降りていって、求める情報源にたどり着くことができます。検索も可能で、例えば、"genetic engineering"（遺伝子工学）で検索すると、Webページ情報とともに、Agriculture > Genetic Engineering や Agricultural Biotechnology > Opposing Viewsに求める情報があることを指示してくれます。ヒットする数は少ないですが、よく選択された良質のサイトが登録されています。

サーチ・エンジン

インターネット上のWebページを、その本文や画像に至るまでデータベースとして保存し情報提供するシステムです。規模は巨大ですが、キーワードによって索引付けされているので、検索は高速です。検索で得られるのは、その語や句を含むWebページへのリンクと、ページ内の文書のキーワードを含む部分の抜粋です。

ヒット数が多いので、必ずしも目指す情報に関連したページばかりに当たるわけではありませんが、メリットは、最新の情報源が入手できる場合があること、あまりよく知られてはいないけれども重要な情報を掲載したWebページが見つかる可能性があることです。

□ディレクトリ・サービスとサーチ・エンジンの違いについて理解しました。

2 リソースリストとデータベース

リソースリストとは、その内容について熟知している研究者や図書館・研究所などが、関連分野の重要なURLをリストとして作成したものです。多くの分野において、様々な内容のリストができあがっています。統一した基準はありませんから、その内容に関しては、「玉石混淆」とも言えますが、中にはその研究分野にとってなくてはならないものもあります。有名なサイトは関連するWebページなどに頻繁に引用されたり、Webの情報検索で、高率でヒットします。

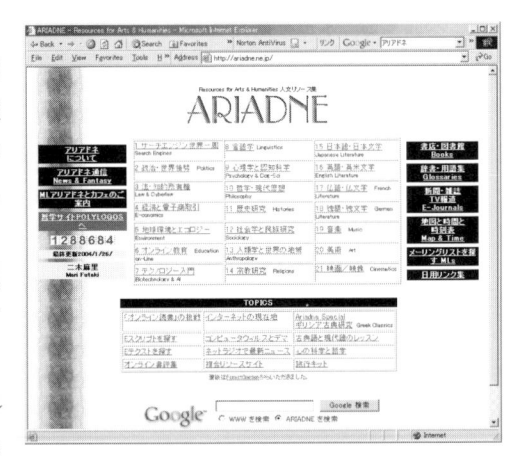

日本発の人文系一般のリソースリストとしては、アリアドネ（http://ariadne.ne.jp/）が有名です。

　データベースには有料のものと無料のものがありますが、一般に有料のものは、新聞・雑誌、学術雑誌、紳士録、百科事典、語学辞書など、提供される情報に信頼性が高く、サービスの内容も充実しています。これらは限定的に無料で利用できる場合もあるので、調べてみるとよいでしょう。完全に無料のものの中にもすぐれたものがあります。例としては、ボランティアがインターネット上に共同制作している多言語の百科事典Wikipedia（http://en.wikipedia.org/）や、インターネット黎明期のオンライン会議室から発展した、ハリウッド映画を中心とする世界最大の映画情報データベース、Internet Movie Database（http://www.imdb.com/）などがあります。

3　図書館の利用

　情報の所在を系統的に分類整理して、利用者に提供しているのが図書館です。図書館は現在、旧来の印刷媒体（書籍・雑誌、アナログ資料）と新しい電子媒体（デジタル）情報を統合的に扱っています。書籍や新聞・雑誌の現物はもちろん、音声・映像資料や、個人では購入できない強力なデータベースも図書館で利用できます。検索端末を入り口にして、様々な情報にアクセスできるのが現在の図書館です。調べ物に行き詰まったら、図書館に相談に行くのは良策です。

　私は図書館を、□よく利用します　□ほとんど利用しません　□今後利用するよう心がけます。

課題

　図書館や担当者からのアドバイスをもらって、情報検索に役立つリンクをまとめましょう。次にそれぞれのサイトにアクセスして、何が調べられるか確認しましょう。

ディレクトリ・サービス
　□_____
　□_____

サーチ・エンジン
　□_____
　□_____

リソースリスト
　□_____
　□_____

データベース
　□_____
　□_____
　□_____

図書館のアナログ/デジタル・リソース
　□_____
　□_____

その他
　□_____
　□_____

Lesson 18 ディレクトリ・サービス（もっと詳しく知ろう）

> **この課のねらい**
> ディレクトリ・サービスについて詳しく学ぶ
>
> **この課の準備**
> Internet Explorer あるいは Netscape の操作に慣れておく
> 調べたい内容のキーワード、"Internet radio" "GM food" "global warming" などを用意する

1　ディレクトリ・サービスの特徴

　　ディレクトリ・サービスは、Web上の情報を選択し、その内容によってArt, Education, Recreation, Scienceなどのカテゴリに大別し、分類し、階層構造を付けて提供する情報サービスです。求める情報を探し当てるには、それぞれの項目（トップレベル・カテゴリ）の中を閲覧し、さらに細分化された項目（サブ・カテゴリ）をたどっていくか、あるいは、キーワードを用いて、ディレクトリの中を検索することになります。最終的に得ることのできるのは、求める情報源へのリンクです。

2　ディレクトリ・サービスの利点

　　ディレクトリ・サービスのよい点は、質のよい情報に遭遇する可能性が高いことです。ディレクトリに分類する作業は人手を使って行われますので、良質の情報源が選択されています。ディレクトリ・サービスでもっとも規模が大きく人気のあるYahoo!を例にとると、Yahoo!のディレクトリ・サービスが収録しているのは、厳選の結果、Web全体の情報源の約5％にすぎません。
　　□上記の1, 2にもとづいて、ディレクトリ・サービスの特徴について理解しました。

3　どのディレクトリ・サービスを使うか

　　ディレクトリ・サービスは多数存在します。それぞれが独自の特徴や強みを出そうと、それぞれに原則を立てて、独自にWeb上の情報を取捨選別し、分類しています。したがって、ディレクトリ・サービスを効果的に利用するためには、求める情報の種類をまず吟味することが必要です。学術的な情報が必要ならば、次に挙げる Infomine を調べる必要がありますし、図書館データベースを利用したいのであれば、Libweb が役に立ちます。また、より広く一般的な情報であれば、Yahoo! が最適でしょう。
　　ディレクトリ・サービスは以下のような情報や情報源を得ようとする際に特に有効です。
　　　　・概括的な知識（国・地域情報、自然科学、社会科学など様々な領域に関する知識）
　　　　・一般公開されているデータやデータベース（政府発行の統計資料など）
　　　　・リソースリスト（専門家・専門機関の作成した書誌・URL情報リンク集など）
　　　　・特定サービス提供ページ（宿泊情報、路線情報、価格情報など）
　　　　・官公庁、学校、企業などの一覧（サービス別・業種別リストなど）

4　代表的なディレクトリ・サービス

　　Infomine: Scholarly Internet Resource Collection:　http://infomine.ucr.edu
　　Librarian's Index to the Internet:　http://lii.org/

Open Directory Project: http://dmoz.org/
Yahoo!（US）: http://www.yahoo.com

5　ディレクトリ・サービスの検索

　ディレクトリ・サービスの利用は、目指す本の所在を求めて図書館検索システムを利用するのに似ています。図書館の書籍は、著者、タイトル、主題、出版社などの情報によって、またその内容にもとづいてキーワードが与えられ、このキーワードを手がかりにして書籍が検索されます。ディレクトリ・サービスの検索も図書の検索と同様です。また図書の検索と同様に、書籍の本文の内容を詳細に検索することはできません。この機能は後述する、サーチ・エンジンによって可能になります。

6　ディレクトリ・サービス検索の実際

　できるだけ包括的な語を検索語（キーワード）として選択するのがコツです。上に述べたように、ディレクトリ・サービスは、Webページの本文を検索するようにはできていませんので、あまりにも詳細な語句をキーワードにすることは適当ではありません。例えば"Repercussions of BSE on International Meat Trade"を調べている場合に、これをそのままキーフレーズとして検索しても、有効な結果は得られません。まず"BSE"や"meat trade"で検索し、ヒットしたカテゴリやリンクの中から、関連すると考えられるサブ・カテゴリをたどっていきます。

7　検索窓の使い方

　それぞれのディレクトリ・サービスには検索語を入力する窓（テキストボックス）があります。その窓にポインタを合わせて一度クリックした後、検索語を入力して［Enter］キーを押す、または窓の横にある"Go"あるいは"Search"などのボタンをクリックします。検索が終了すると、検索結果がページとなって表示されます。ページの上方には、ヒットした件数が表示され、その下に複数のリンクが表示されます。一つひとつのリンクをたどって、その情報が求めるものかどうかを確認していきます。

　□ディレクトリ・サービスの検索方法を理解し、利用しました。

課　題

検索する前に、どのような情報を求めているのか、どのようなカテゴリをたどっていったらよいのか検索の道筋（Search Strategy）を考えましょう。
私は、□＿＿＿＿＿＿＿について知りたいので、＿＿＿＿＿＿＿を検索語とします。
結果は、□＿＿＿＿＿＿＞□＿＿＿＿＿＿＿＞□＿＿＿＿＿＿にありました。

1. ネチケット（ネットワーク上のエチケット）を解説したホームページを見つけましょう。コラム（p. 25）の「十戒」と同様な内容のものがありますか。
2. 今年の夏ロンドンで語学研修をすると想定し、受け入れ機関を捜してください。複数探して比較し、1つに絞り、その機関を選択した理由をまとめましょう。グループで行う場合は結果を比較しましょう。

Lesson 19 サーチ・エンジン（もっと詳しく知ろう...）

> **この課のねらい**
> サーチ・エンジンについて詳しく学ぶ
>
> **この課の準備**
> Internet ExplorerあるいはNetscapeの操作に慣れておく

1 サーチ・エンジン

　サーチ・エンジンとは、インターネットのWebページ情報を蓄積して、キーワードとなる語を分析し、それを手がかりに高速検索できるようにしたシステムです。サーチ・エンジンは、検索結果を有用性が高いと思われるものから順に表示します。サーチ・エンジンは以下の部分から成り立っています。

　　・データを収集しデータベースを蓄積する自動巡回ロボット
　　・データをインデックス化するシステム
　　・データベースを検索するシステム
　　・結果の有用性を推測し、高い順に並べて表示するシステム

　上記の機能の少しずつの違いが、検索結果の大きな違いとなって現れます。したがって、サーチ・エンジンの種類によって結果は大きく異なってきます。

　□サーチ・エンジンの特徴を理解しました。

2 ブール論理

　検索のためにはキーワードを論理的に組み合わせる必要があります。論理的に組み合わされた語の並びを「検索式」と呼びます。もっとも基本的な検索式として知られているのが、19世紀半ばの英国の数学者Booleによって考案された集合の考え方です。「ブール論理」と呼ばれる集合の考え方は、Web上の検索のすべてに応用できるもので、ぜひマスターしておきたいものです。

　ブール論理の基本は3つの連結語、and, or, notです。キーワードが検索結果に含まれているべきならばandを、含まれるべきでないのならばnotを、いずれかの語が含まれているべきならばorを用います。

　　　　cats <u>and</u> dogs
　　　　cats <u>or</u> dogs
　　　　cats <u>not</u> dogs

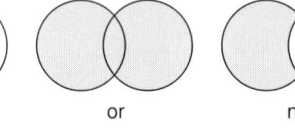

　サーチ・エンジンの多くはキーワードをスペースで区切って並べた場合には自動的にandの意味に解釈します。また、andを「＋」記号で、notを「－」記号で表記する場合も多いです。検索の際には、何が含まれるべきなのか、何が含まれるべきでないのか、をはっきりとさせることが大切です。

　□ブール論理について理解しました。

3 代表的なサーチ・エンジン

　　Google: http://www.google.com

Altavista: http://www.altavista.com
Infoseek: http://infoseek.go.com/
metacrawler: http://www.metacrawler.com

4　アドバンスト・サーチ

サーチ・エンジンは、検索条件を厳密に設定できる「アドバンスト・サーチ」あるいは「検索オプション」などと呼ばれる機能を持っています。語句、and, or, notなどの指定ばかりでなく、ページを記述している言語（日本語、英語、ロシア語など）や特定のWebサーバのドメイン（インターネット上の所在地、国、企業、組織など）を限定して検索できます。

Google「検索オプション」
高度な検索を可能にします

☐ アドバンスト・サーチを理解し、利用しました。

課題

Can you find on the Internet . . . ?

1. the lyrics of your favorite song （e.g. "Imagine"）
   この歌の日本語訳は見つかりますか？フランス語訳は？
2. today's news in English in Indian news sites
   今日のトップニュースは何ですか。それは日本ではどう扱われていますか。
3. who is the director of the film *Matrix*
   この監督は他にどのような作品を監督していますか。
4. the definition of the word "oxymoron"
   意味がわかったら、語源も調べてみましょう。
5. the pictures of the following: Hillary Clinton, a male polar bear, a biodegradable plastic bag
   ところで、biodegradable plasticとは何のことでしょう。
6. how to order a copy of your favorite novel/a dictionary over the Internet
   新刊本ばかりでなく、古本として入手できますか？送料込みで一番安い価格は。
7. information on a company （e.g. BBC, New York Times, Disney World, Microsoft）
   採用情報は見つかりますか？アルバイト的な短期雇用はどうですか。

お互いの結果を比較し、効率的な検索方法、発見した内容について気づいたことを発表しましょう。

コラム　Webページを文字検索

検索してヒットしたWebページの文書が非常に長い場合、その中から必要な情報を取り出すのが難しい時があります。このような時には、Webブラウザの文書内検索機能を用いるとよいでしょう。ショートカットキーでは、[Ctrl]＋[F]キーで検索窓が表示されます。

Lesson 20　オンライン文献目録検索

この課のねらい
文献目録（図書館の目録データ）の検索について詳しく学ぶ

この課の準備
身近に利用できる図書館システムのURLを用意する
知りたい文献のジャンル、タイトル、著者名などを用意しておく

1　インターネットと文献目録

　大学での勉強や研究に欠かせないアカデミックな分野の体系的な知識は、文献（参考図書、資料集、研究書、定期刊行物など）によって提供されます。文献を入手して読むことはアカデミックな活動の基本です。文献はほとんどが図書館を通して入手することになりますが、現在では文献を入手するためには、デジタルの入り口を通らねばなりません。つまり、文献のほとんどは、インターネットを介したコンピュータ検索によってその所在が明らかになるからです。インターネットを玄関口として、図書館のオンライン文献目録を検索したり、専門家の作成した書誌情報を入手したり、専門書誌データベースを利用したりできます。

2　オンライン文献目録検索

　オンライン文献目録には、1）研究所などが組織的に編纂したものや個人の研究者が編纂したものがインターネット上に公開されている場合（**公開文献目録**）、また、2）大学図書館などの検索システムにより提供される文献目録（**OPAC**）や、3）各種有料文献目録（**専門書誌データベース**）があります。

3　公開文献目録

　特定分野の文献目録は、その分野で活躍している研究者や研究機関のホームページに整備されていることが多いです。一例として徳島大学の井上永幸氏の「主要参考文献一覧表」を挙げましょう。これは英語学に関するきわめてすぐれた書誌です。このリストのように長年にわたって地道に整備されてきた文献目録には特に信頼が置けます。

　http://lexis.ias.tokushima-u.ac.jp/open/bunken/bunken202.pdf

4　OPAC

　より一般的な文献情報を参照したり、文献の所在を調査したりする際に利用できるのは、大学図書館などによって提供される、書籍や学術雑誌のオンライン公開文献目録（OPAC、Online Public Access Catalog）です。現在多くの大学が、保有する図書目録データを公開しています。規模の大きなOPACはデータは更新も頻繁で、関連分野の文献情報を網羅的に入手することができます。日本でのOPACの整備と公開は、国立情報学研究所（NII）を中心に進み、そのサービス内容は大変充実してきています。個々の大学の図書館システムも、NIIと連動しながら機能を向上させています。例えば、同志社大学図書館の検索システ

ムDOORS（http://doors.doshisha.ac.jp/）からは、同志社大学、京都大学、NACSIS Webcatや国会図書館など多数の図書館データベースを横断検索できるサービスが提供されています。

世界のOPAC総覧リソースリスト
 Libweb: http://sunsite.berkeley.edu/Libweb/（世界125カ国の図書館へリンク）
 "libraries" at Yahoo!: http://dir.yahoo.com/Reference/Libraries/（図書館ディレクトリ）
 COPAC: http://www.copac.ac.uk/copac/（英国とアイルランドの図書館を網羅）

日本国内のOPAC総覧リソースリスト
 Jump to Library!: http://ss.cc.affrc.go.jp/ric/opac/opac.html（500を超える図書館へリンク）
 学術情報サービス: http://www.nii.ac.jp/service-j.html（国立情報学研究所によるサービス）
 国立国会図書館: http://www.ndl.go.jp（登録すれば、資料の郵送サービスも利用可）

5　専門書誌データベース

専門書誌データベースは、多くの場合有料で供給されています。購読料金は高額ですので、現実的には、大学図書館や研究室でオンラインサービスやCD-ROM媒体のものを利用するのがよいでしょう。研究に資するものとしては、以下のものが挙げられます。

 OCLC First Search: http://www.oclc.org/firstsearch/（5700万件の目録を検索できる）
 ProQuest: http://www.il.proquest.com/proquest/（新聞、雑誌、学術刊行物の記事検索）

□公開文献目録、□OPAC、□専門書誌データベースについて理解し、実際にアクセスしました。

6　オンライン書店の文献目録

インターネットの発達によって、オンライン書店のサービスが充実しました。これらの書店の出版情報は、新刊と古書を扱い、新刊図書については、内容の詳細な紹介や抜粋も掲載していますので、出版物の内容をかなり詳しく知ることもできます。海外の書籍を探す場合には、その書籍が出版された国の書店の目録を検索するのがよいでしょう。

 Amazon.com: http://www.amazon.com　（米国、海外サイトへのリンクあり）
 Amazon.co.uk: http://www.amazon.co.uk（上記の英国サイト）
 abebooks.com: http://www.abebooks.com（米国、古書に強い）

□オンライン書店にアクセスし、検索を試みました。

課題

1. 所属する大学図書館のオンライン文献目録検索を行いましょう。貸出状況の確認、予約はオンラインでできますか。履修している科目の先生方の著作物はあるでしょうか。
2. 海外のOPAC（Melvyl: http://melvyl.cdlib.org/など）を使って、日本で出版されている翻訳書の原書の情報を調べましょう。また、検索システムやサービスの内容の異なり（検索の手順と結果の出力形式、データベースの相互接続の状況など）を調べてみましょう。

Lesson 21　英語表現の検索 1（Webページをコーパスと見なして）

> **この課のねらい**
> Webページの情報をコンピュータ・コーパスとみなして、よりよい英語表現を探す方法を学ぶ
>
> **この課の準備**
> Lesson 19. 4「アドバンスト・サーチ」のGoogle「検索オプション」を復習する

1　コンピュータ・コーパスとは

　人が書いたり発話したりした言葉をコンピュータ処理可能なように電子化した言語資料をコンピュータ・コーパス（Corpus、複数形はCorpora、以下コーパス）と呼びます。1960年代から、コンピュータの発達と共にコーパスが整備され、*Collins COBUILD English Language Dictionary* や *Longman Dictionary of Contemporary English* などコーパス分析を利用した画期的な辞書の出版を通じて、その成果が一般にも享受できるようになりました。さらに現在では、英語学習者が、代表的なコーパスを利用することのできるオンライン・サービスも充実してきています。

2　コーパスの分析によって何がわかるか

　コーパスを分析することで、その言葉がどのように用いられているかがわかります。例えば、1960年代半ばに電子メールが使われ始めたころ、electronic mail は "e-mail" とハイフンを入れて記述されるのが一般的でした。ところが、電子メールが一般的に使われるようになると、ハイフンを入れずに "email" と記述することが次第に広まりました。

　現在手元にある私製のコーパスに、1995年1月の英文の主要新聞から構成されるものと、2004年1月の、同じく英文主要新聞から構成されるものとがあります。これらを、emailとe-mailで検索すると、以下のような結果を得ました。

1995年	e-mail	834件
	email	39件
2004年	e-mail	2497件
	email	223件

　コーパスの内容とサイズの違いがあるので、厳密な比較はできませんが、1995年におよそ21対1であったe-mailとemailの出現比率は、2004年にはおよそ11対1にまで下がっており、emailというつづりの使用が確実に広まっていることが見て取れます。

　このように、コーパスの分析は、そのコーパスの記述された時代の言葉の使われ方を明らかにします。

3　Webページ情報をコーパスと見なす

　インターネットのWebページをコーパスと見なして利用すると、今現在使われている言葉の様子が、いわばリアルタイムで明らかになります。これを行うためには、Lesson 19（p. 48）で紹介したサーチ・エンジンを使って、検索条件を絞り込むことのできる「アドバンスト・サーチ」や「検索オプション」機能を使いこなすことが必要になります。

4　注意すべきこと

　Webページをコーパスとして利用する場合は、検索対象が数億という膨大な数のページに記述されている英文になります。この中には、英語を母語とする書き手によらないものもあり、また、英語母語者が書いていても、必ずしも「教科書的」な英語で書かれた言語資料ではないことを念頭に置く必要があります。できるだけ「真正（authentic）」な資料を検索するには、検索の道筋（search strategy）を工夫する必要があります。

5　サーチ・エンジンで検索する

　Googleを利用して、英単語の連語関係を、検索式を立てて検索してみましょう。
　ある学生は、「熱心な議論の後で」という日本語の意味を "after enthusiastic debate" と書き、もう一人の学習者は、"after a hot debate" と書きました。これらの表現が正しい英語表現と言えるかどうか、より適切な表現があるとすればそれはどのようなものかを調べるために検索を試みます。

1. Googleの検索窓に「"after * debate"」（" " でキーワードを囲むとフレーズ検索、* は任意の1単語に置き換えられる）と入力して検索すると、heated, intense, fierceなどの語が得られます。
2. 次に検索するドメインを「site:.edu」（米国の教育機関）に絞り、"after enthusiastic debate"、"after heated debate"、"after intense debate"、"after fierce debate" を検索してみると、以下のような結果が得られました。また、この名詞を可算名詞として不定冠詞、定冠詞とともに用いる用例は以下の通りでした。

enthusiastic	0	an enthusiastic	0	the enthusiastic	0
hot	5	a hot	7	the hot	0
heated	131	a heated	129	the heated	3
intense	60	an intense	27	the intense	1
fierce	10	a fierce	13	the fierce	0

　これを、検索条件を確認しやすい「検索オプション」を開いて設定すると、右下画面のようになります。

3. 上記の結果から、enthusiasticは不適切で、hotもほとんど用いられないことがわかり、heatedあるいはintenseを用いるのが適当という結論が得られるでしょう。

　実際には上記2のような徹底した検索を行わなくとも、求める表現に至ることができます。さらにこのような検索を繰り返し、検索結果を分析することによって、検索結果に対する一種の「勘」が養われ、検索に習熟するにつれて、より少ない検索回数でより効率的に結果が得られるようになります。

　□サーチ・エンジンを利用した英語表現検索について理解しました。

> **課題1**

　Googleの検索エンジンを利用して、実際の表現検索を行ってみましょう。

　欧米では、年末の挨拶として、「よいクリスマスを」という言葉が交わされます。英語では、"Merry Christmas"や、"Happy Christmas"と言いますが、人種的宗教的に平等である見地からすれば、年末の挨拶に、Christmasの語を含んだ表現は必ずしも適切ではありません。"Season's Greetings"や"Happy Holidays"のような言い方も聞かれます。

　以下の条件のもとで、それぞれの表現を検索してみましょう。検索対象となるドメインを、米国、英国、オーストラリアなどの国として、機関や組織を限定してみてください。空欄には各自でドメインを設定してみましょう。例えば、英国の政府機関は、URLのドメインの末尾が、.go.ukです。それぞれの表現は次のように略します。Merry Christmas: MC; Happy Christmas: HC; Season's Greetings: SG; Happy Holidays: HH

Google Search for Season's Greetings

		MC	HC	SG	HH
.edu	米国教育機関				
.gov	米国政府機関				
.ac.uk	英国教育機関				
.go.uk	英国政府機関				

　さらに、キリスト教色のない挨拶を使うことの是非についての「議論」は、Googleで発見できるでしょうか、そのためにはどのような検索式を用いればよいのでしょうか、その結果何がわかりますか。

検索式の組み方の考え方：
_____
_____

実際の検索式：
_____

必要な情報を得たホームページ：
_____

その結果、以下のような「議論」があることがわかりました。
_____
_____
_____
_____

> **課題2**

　Googleは常に最新のWebページ情報を収集しているために、新語や新しい文化現象の表現検索に実力を発揮します。ここでは携帯電話に関する表現について検索してみましょう。携帯電話については、英和辞典にも掲載がない場合が多いのですが、Googleでは、検索式を工夫することによって適切な表現を得ることができます。

「携帯電話」
予測する表現＿＿＿＿＿＿＿＿＿＿＿＿＿＿＿＿＿＿＿＿＿＿＿＿＿＿＿＿＿＿＿＿＿
検索の方法＿＿＿＿＿＿＿＿＿＿＿＿＿＿＿＿＿＿＿＿＿＿＿＿＿＿＿＿＿＿＿＿＿＿
得られた表現＿＿＿＿＿＿＿＿＿＿＿＿＿＿＿＿＿＿＿＿＿＿＿＿＿＿＿＿＿＿＿＿＿

「携帯電話で電話をかける/受ける」
予測する表現＿＿＿＿＿＿＿＿＿＿＿＿＿＿＿＿＿＿＿＿＿＿＿＿＿＿＿＿＿＿＿＿＿
検索の方法＿＿＿＿＿＿＿＿＿＿＿＿＿＿＿＿＿＿＿＿＿＿＿＿＿＿＿＿＿＿＿＿＿＿
得られた表現＿＿＿＿＿＿＿＿＿＿＿＿＿＿＿＿＿＿＿＿＿＿＿＿＿＿＿＿＿＿＿＿＿

「携帯メールを受信する/送信する」
予測する表現＿＿＿＿＿＿＿＿＿＿＿＿＿＿＿＿＿＿＿＿＿＿＿＿＿＿＿＿＿＿＿＿＿
検索の方法＿＿＿＿＿＿＿＿＿＿＿＿＿＿＿＿＿＿＿＿＿＿＿＿＿＿＿＿＿＿＿＿＿＿
得られた表現＿＿＿＿＿＿＿＿＿＿＿＿＿＿＿＿＿＿＿＿＿＿＿＿＿＿＿＿＿＿＿＿＿

「携帯から新幹線の切符が予約できる」
予測する表現＿＿＿＿＿＿＿＿＿＿＿＿＿＿＿＿＿＿＿＿＿＿＿＿＿＿＿＿＿＿＿＿＿
検索の方法＿＿＿＿＿＿＿＿＿＿＿＿＿＿＿＿＿＿＿＿＿＿＿＿＿＿＿＿＿＿＿＿＿＿
得られた表現＿＿＿＿＿＿＿＿＿＿＿＿＿＿＿＿＿＿＿＿＿＿＿＿＿＿＿＿＿＿＿＿＿

その他、以下のような表現について、自分の予測と実際使われている表現とを比較しよう。
「コンビニでアルバイトをしている」
予測する表現＿＿＿＿＿＿＿＿＿＿＿＿＿＿＿＿＿＿＿＿＿＿＿＿＿＿＿＿＿＿＿＿＿
得られた表現＿＿＿＿＿＿＿＿＿＿＿＿＿＿＿＿＿＿＿＿＿＿＿＿＿＿＿＿＿＿＿＿＿

「将来福祉関係の仕事をしたい」
予測する表現＿＿＿＿＿＿＿＿＿＿＿＿＿＿＿＿＿＿＿＿＿＿＿＿＿＿＿＿＿＿＿＿＿
得られた表現＿＿＿＿＿＿＿＿＿＿＿＿＿＿＿＿＿＿＿＿＿＿＿＿＿＿＿＿＿＿＿＿＿

「大学院で環境問題を研究したい」
予測する表現＿＿＿＿＿＿＿＿＿＿＿＿＿＿＿＿＿＿＿＿＿＿＿＿＿＿＿＿＿＿＿＿＿
得られた表現＿＿＿＿＿＿＿＿＿＿＿＿＿＿＿＿＿＿＿＿＿＿＿＿＿＿＿＿＿＿＿＿＿

さらに辞書では調べにくいと思える表現をGoogleを利用して探ってみましょう。

Lesson 22　英語表現の検索　2（コーパス検索サービスを利用して）

> **この課のねらい**
> Webを介して提供されるコーパス検索サービスを使って、よりよい英語表現を探す方法を学ぶ
>
> **この課の準備**
> コーパスとその利用法について理解しておく

1　コーパスの検索：コンコーダンス

　コンコーダンス（Concordance）とは、あるコーパスで使われているすべての単語について、出現する位置情報と文脈とを示したものです。コンコーダンスを分析すれば、コーパスの中でどのような単語が、それぞれどれくらいの頻度で使われているのかということがわかります。さらに、どういう文脈の中でその単語が使われているのかもわかります。

　これらの情報をもとに分類すると、ある単語がそのコーパスの中でとりうる意味や用法の範囲をほぼ特定することができます。

　コーパスを分析するソフトウェアをコンコーダンサ（Concordancer）と呼びます。通常コンコーダンサはコンピュータのソフトウェアとしてインストールし、CD-ROMなどに格納したコーパスを分析するのに用います。

2　KWICを理解する

　コンコーダンスのKWIC（クイック：Key Word In Context）表示は、分析するコーパスを、キーワードを中心に置いてその前後に文脈を表示する方法です。これはコンコーダンサでコーパスの言葉の用法を分析するもっとも基本的な方法です。キーワードの左右の語をソートすることで、言葉の連なり（コロケーション：collocation）が分析でき、それによって言葉の用いられ方がわかります。右図は、informationをKWIC出力し、キーワードの直前の語でソートした例です。

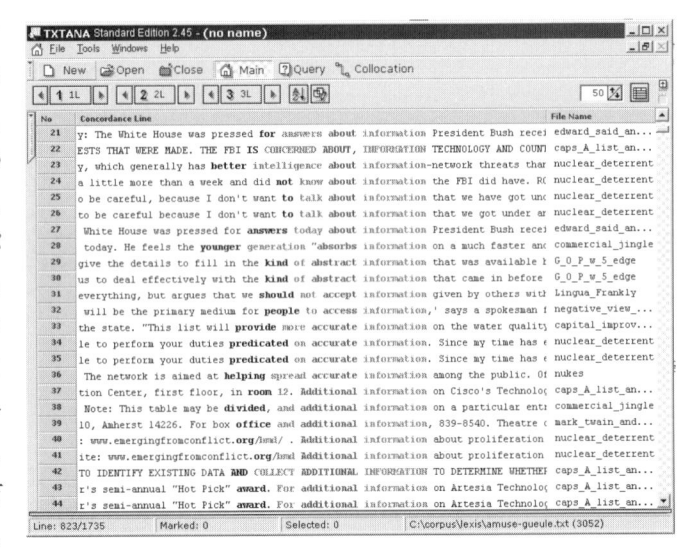

　右図はほんの一部ですが、出力結果全体を精査すれば、どのような動詞がinformationを目的語にとるのか、どのような形容詞がinformationを修飾するのかなどがわかります。

3　コーパス検索の実例

　一例として、複数のコーパスを用いて「情報（information）を『得る』」という意味を持ちうる動詞を検索したところ、以下のような結果を得ました。用いたコーパスは、Brown（1961年、米語100万語）、Frown（1992年、米語100万語）、Lexis（1990年以降、米語400万

語、私製コーパス）、BNC（1991年、英語1億語）です。

	acquire	collect	extract	gather	get	obtain	retrieve	seek
Brown	0	0	0	5	7	3	0	2
Frown	0	1	2	3	4	1	0	1
Lexis	2	16	1	12	34	11	0	2
BNC	56	221	86	214	375	323	46	72

BNCは概算ですが、Lexisと類似した結果を見せています。それぞれのKWIC行を詳細に読むと、"acquire," "collect," "extract," "retrieve" はコンピュータに関連した情報機器と産業に関して使われている場合が多いことがわかります。コーパスを分析することで、情報産業とそれに関わる動詞の変化が読み取れると言えましょう。コンコーダンスラインは、このように、どのような文脈でどのような語句を使うのが適当なのかを、学習者や教授者が判断する材料を提供してくれます。

4 コーパス検索サービス

コーパス分析には、分析ソフトウェアのコンコーダンサと分析対象のコーパスが必要ですが、初心者がそれらを用意するのは大変です。しかも、一般の英語学習者には、必ずしも大規模なコーパスや高機能の分析ソフトウェアは必要ありません。そこで、インターネット上のコーパス検索サービスを利用してみましょう。以下はWebブラウザから利用できる代表的なサービスです。

BNC Online: http://sara.natcorp.ox.ac.uk/
    British National Corpusの英語1億語をKWIC形式で50例出力するサービス。正規表現（特定の文字［メタキャラクタ］を使って検索したい文字列を厳密に表記する方法）が使えます。

Web Concordancer: http://www.edict.com.hk/concordance/
    Brown Corpus, LOB Corpusや聖書、文学作品など26のコーパスやテキストをKWIC検索するサービス。第二キーワードまでの設定が可能です。

5 自立した学習者になるために

英語の学習には辞書が欠かせません。よい学習辞書を座右に置いて、疑問がわいたら常に辞書を引くことは基本中の基本です。しかしながら、次第に英語が上達してくると、教えられた表現だけでなく、英字新聞や海外ニュース、Webページを通じて英語の表現が入ってくるようになります。そのような時にも、辞書は最良の参考書ですが、インターネットやコーパスもまた、英語理解のためのよい資料を提供してくれます。コーパス検索で試行錯誤を繰り返すことによって、言葉の使い方に関する課題を発見し、仮説を立て、検証し、結果を吟味し、考察を重ねていく訓練ができ、それによって能動的な自立した学習者としての学習方法を身に付けることができます。

    □コーパス検索の概略とコーパス検索の意義を理解しました。

課題

コーパスが大学に用意されている場合、実際に用例を検索してみましょう。コーパスの準備がなければ、オンラインコーパスで用例を検索して、結果を確認しましょう。

コラム　オンラインコーパスサービスを使った検索の実際

　British National Corpusを用いて、Lesson 21の課題で調べた表現を検索してみましょう。下記のURLにアクセスして表現を検索し、実測値（総ヒット数）を記録します。Simple Searchは、BNCの検索結果を50件までしか表示しませんが、実測値を与えてくれます。

　Simple Search of BNC-World: http://sara.natcorp.ox.ac.uk/lookup.html

BNC Search for Season's Greetings

	MC	HC	SG	HH
BNC				

　Web Concordancerを利用して、debateに共起する形容詞や前置詞を調べてみましょう。Web Concordancerでは、多くのテキストデータがコーパスとして用意されていますが、ここでは、Brown、LOB、*The London Times* 誌の1995年1, 2, 3月分のデータを利用してみましょう。debateの激しさを形容する言葉にはどのようなものが用いられているでしょうか。連語関係を調べるには、初期画面からAssociated Words Concordancerを選択します。

画面の設定は何を意味しているのでしょうか、検索を実行しながら考えてみましょう。

Search string

Print collocates table

Sort type

Collocate distance from keyword

　次のような表を作成してキーワードの連語関係を調べてみましょう。空欄には、その他得た表現を記入しましょう。

	Brown	LOB	TIMES 95-1	TIMES 95-2	TIMES 95-3
hot					
heated					
intense					
fierce					

　前課の Google 検索で得られた結果は、Web Concordancer の結果と一致するでしょうか。GoogleはWeb上の様々なデータから無差別に検索しますが、Web Concordancer は、特定のコーパスや資料からデータを検索します。

　さらに、「～に関する議論」という意味を導く、debate の後に来る前置詞にはどのようなものがあるでしょうか、また、debate の代わりに discussion を用いた場合の形容詞と前置詞を同様に調べてみましょう。

コラム　コーパスを作る

　検索エンジンやコーパス検索に慣れてくると、自分専用のコーパスを作成したいと思う方もあるでしょう。研究用のコーパス作りには綿密な設計が必要ですが、表現や用例を検索するためのコーパス構築はそれほど難しいことではありません。小説や詩は、Project Gutenberg（http://www.gutenberg.org/）などの公開テキストサイトから入手できます。口語のコーパスが必要ならば、映画のスクリプトをSimply Scripts（http://www.simplyscripts.com/）など、インターネット上の無料公開データから取得できますし、時事記事はCD-ROMで購入したり、CNN（http://transcripts.cnn.com/TRANSCRIPTS/）などのWebページのニュースサイトから入手したりすることができます。過去の大学入試試験の問題はCD-ROMで購入したり、大学のサイトから入手したりすることもできます。

　入手したファイルは、いずれもテキストファイルとして保存し、データの特徴がわかるファイル名を付けて、フォルダに分けて入れるなど、整理しておきます。コンコーダンスを分析するためのソフトウェアについては、KWIC Concordance for Windows（http://www.chs.nihon-u.ac.jp/eng_dpt/tukamoto/kwic.html）や、AntConc（http://www.antlab.sci.waseda.ac.jp/）などの優れたソフトウェアがこれも無料で利用できます。

　コーパスはその量が少ないと用例のヒット数も少なく、あまり役立つとは思えないかもしれませんが、ある程度の語数になりますと、急にヒット件数が多くなります。特に内容を吟味して集めたコーパスは利用価値が高いものです。何に使うのか、どのような英文を集めるのかを意識しながら、コーパスを作成していくのは楽しいものです。

Lesson 23 表計算ソフトの利用（単語帳として利用する）

> **この課のねらい**
> 表計算ソフトウェアを用いて単語帳を作成する
>
> **この課の準備**
> 毎週の授業で学習する英単語・句のうち、重要な語句の品詞、語義、課番号、例文などを整理しておく
> 大学で利用できる表計算ソフトウェアについて調べておく

1　表計算ソフトウェアとは

　　表計算ソフトウェアは、表の中に計算式を埋め込んで、複雑な計算を可能にしたソフトウェアです。ソフトウェア自体は英語の勉強には直接関係ありませんが、優れたソート機能などを活用して、単語リストなどを作成すると便利です。
　　表計算ソフトは以下の機能に優れています。
　　　　ワープロソフトウェアと同じような文字入力機能
　　　　データの集計・計算を行う表計算機能
　　　　データから図を作成するグラフ機能
　　　　データの並べ替えや検索などを行うデータベース機能

2　表計算ソフトの基本的操作法

　　操作法については、各大学などで操作マニュアルが発行されていますので、それを参照してください。
　　　　□私は、＿＿＿＿＿＿＿＿＿＿＿＿＿＿＿＿＿＿＿＿＿＿＿＿＿を参照します。

3　画面各部の名称を確認します
　　　特に重要な部分の名称
　　　　セル：データが入る個々のマス目
　　　　列：セルの縦の並び
　　　　行：セルの横の並び

4　単語帳の作成
　　　準備したデータをセルに入力する。
　　　必要に応じてセルの幅などを調整する。

5　データの並べ替え機能を利用する
　　「データ」メニューから「並べ替え」を選択し、並べ替えの基準となる列を選択する。
　　「データ」メニューから「フィルタ」を選択し、フィルタ機能を用いて、必要な情報だけを表示する。

単語	品詞	語義	課
skyscraper	n.	超高層ビル、摩天楼	1
devastate	v.	荒らす、困惑させる	1
immune	a.	免疫のある	1
prostate cancer	n.	前立腺ガン	1
deplete	v.	…を激減させる	1
spill	v.	…をまき散らす	1
glare	n.	ぎらぎらする光	1
alert	v.	…に警戒態勢をとらせる	1
vandal	n.	心無き破壊者	1
taint	v.	〈評判などを〉汚す、傷つける	2
warlord	n.	〈特に一地方の〉軍事的指導者	2
guarantee	v.	〈人が〉〈商品などを〉保証する	2
crisp	a.	パリパリした	2
restore	v.	回復する、復活させる	2
luster	n.	栄光、名声	2
blast	v.	（発破、砲撃で）爆破する	2
footage	n.	一連の画面	3
toddler	n.	よちよち歩きの幼児	3
disable	v.	〈機械〉を動かなくする	3
assure	v.	…を保証する、請け合う	3
gunslinger	n.	ガンマン	3
adolescent	a.	青春期の人、十代の若者	3
maturity	n.	十分な成長（期）	3
bullet	n.	弾丸	3

Excelで作成した単語帳

単語	品詞	語義	課
adolescent	a.	青春期の人、十代の若者	3
alert	v.	…に警戒態勢をとらせる	1
assure	v.	…を保証する、請け合う	3
blast	v.	（発破、砲撃で）爆破する	2
bullet	n.	弾丸	3
crisp	a.	パリパリした	2
deplete	v.	…を激減させる	1
devastate	v.	荒らす、困惑させる	1
disable	v.	〈機械〉を動かなくする	3
footage	n.	一連の画面	3
glare	n.	ぎらぎらする光	1
guarantee	v.	〈人が〉〈商品などを〉保証する	2
gunslinger	n.	ガンマン	3
immune	a.	免疫のある	1
luster	n.	栄光、名声	2
maturity	n.	十分な成長（期）	3
prostate cancer	n.	前立腺ガン	1
restore	v.	回復する、復活させる	2
skyscraper	n.	超高層ビル、摩天楼	1
spill	v.	…をまき散らす	1
taint	v.	〈評判などを〉汚す、傷つける	2
toddler	n.	よちよち歩きの幼児	3
vandal	n.	心無き破壊者	1
warlord	n.	（特に一地方の）軍事的指導	2

単語でソート

単語	品詞	語義	課
adolescent	a.	青春期の人、十代の若者	3
crisp	a.	パリパリした	2
immune	a.	免疫のある	1
bullet	n.	弾丸	3
footage	n.	一連の画面	3
glare	n.	ぎらぎらする光	1
gunslinger	n.	ガンマン	3
luster	n.	栄光、名声	2
maturity	n.	十分な成長（期）	3
prostate cancer	n.	前立腺ガン	1
skyscraper	n.	超高層ビル、摩天楼	1
toddler	n.	よちよち歩きの幼児	3
vandal	n.	心無き破壊者	1
warlord	n.	（特に一地方の）軍事的指導者	2
alert	v.	…に警戒態勢をとらせる	1
assure	v.	…を保証する、請け合う	3
blast	v.	（発破、砲撃で）爆破する	2
deplete	v.	…を激減させる	1
devastate	v.	荒らす、困惑させる	1
disable	v.	〈機械〉を動かなくする	3
guarantee	v.	〈人が〉〈商品などを〉保証する	2
restore	v.	回復する、復活させる	2
spill	v.	…をまき散らす	1
taint	v.	〈評判などを〉汚す、傷つける	2

品詞でソート

6　発展的な利用法

　単語帳と基本は同様ですが、Excelで文献のデータベースを作成することもできます。この際、文献の種類によって入力項目が若干変わりますが、雑誌論文ならば、著者の名前、出版年、論文タイトル、収録雑誌名、巻数、号数、ページなどを記録することになります。入力項目については、例えば名前の項目は「姓，名」か「姓名」か、邦文の文献と欧米の文献ではどのように入力するのかなど、詳細を詰めながら入力形式を決定する必要がありますし、ある時点で全体の入力形式を統一する必要もあります。手間はかかりますが、単語帳と同様に、蓄積すればするほど役に立ちます。

課　題

1. 目的を持って単語帳を作成してみましょう。イギリスやオーストラリアなど、旅行したい土地をホームページ上で訪問し、そのページを読み取りながら、調べた単語をExcelに入力していきます。こうして「イギリス旅の単語集」や「ホテル探しの単語集」などを作成してみましょう。
2. 学習のための単語集は、継続的に行ってはじめて意味を持ちます。1週間ごとに作成し、月ごとに、学期末に、年度末に統合しましょう。また、他の英語クラスで学習した表現や、趣味で読んだ小説の表現なども統合して、自分専用の単語帳を作りましょう。

コラム　WordとExcelの連携

　Excelの表はWordの中に埋め込むことができます。Word文書内に表を作る時には、Excelで作表してWord文書に埋め込むと処理が楽になります。数値を記載した表を埋め込んだ場合、Excelで数値を変えるとそれがそのままWordの文書に反映されます。これはグラフなどを埋め込んでも同様です。このソフトウェア間の連携は、主要なWindowsソフトウェアの間でとても便利に使えます。この機能をOLE（Object Linking and Embedding）と呼びます。

Lesson 24　インターネットから得た情報を評価する 1

この課のねらい
検索して得たインターネット上の情報が本当に信頼できるかどうか、評価する方法を考える

この課の準備
インターネット上の情報の信頼性について、各自がそれぞれに選んだホームページを閲覧し、以下のチェックリストで確認してみましょう

☐私は、http://＿＿＿＿＿＿＿＿＿＿＿＿＿＿＿＿＿＿＿＿＿の情報について考えます。
このURLの情報は☐信頼できる、☐信頼できない、と思われます。その理由は以下の通り。
☐＿＿＿＿＿＿＿＿＿＿＿＿＿＿＿＿＿＿＿＿＿＿＿＿＿＿＿＿＿＿＿＿＿＿＿＿＿
☐＿＿＿＿＿＿＿＿＿＿＿＿＿＿＿＿＿＿＿＿＿＿＿＿＿＿＿＿＿＿＿＿＿＿＿＿＿
☐＿＿＿＿＿＿＿＿＿＿＿＿＿＿＿＿＿＿＿＿＿＿＿＿＿＿＿＿＿＿＿＿＿＿＿＿＿

1　ホームページを精読する

ホームページを精読することは、情報の信頼性を査定する基本です。一例として、Googleを用いて "GM food"（GM: genetically modified＝遺伝子を組み替えた）で検索した結果、以下のようなサイトが上位にヒットしました。それぞれのサイトについて、その情報が、どこから（Where）、誰が（Who）、何を（What）どのように（How）、何を目的に（For what purpose）、いつ（When）提供し、その情報は信頼できるかどうか（Whether）を探ってみましょう。

☐http://www.newscientist.com/hottopics/gm/
☐http://scope.educ.washington.edu/gmfood/
☐http://www.monsanto.com/monsanto/
☐http://www.ncbe.reading.ac.uk/NCBE/GMFOOD/menu.html

☐どこから＿＿＿＿＿＿＿＿＿＿＿＿＿＿＿＿＿＿＿＿＿＿＿＿＿＿＿＿＿＿＿＿＿
☐誰が＿＿＿＿＿＿＿＿＿＿＿＿＿＿＿＿＿＿＿＿＿＿＿＿＿＿＿＿＿＿＿＿＿＿＿
☐何を（内容）＿＿＿＿＿＿＿＿＿＿＿＿＿＿＿＿＿＿＿＿＿＿＿＿＿＿＿＿＿＿＿
☐どのように（リンクなど）＿＿＿＿＿＿＿＿＿＿＿＿＿＿＿＿＿＿＿＿＿＿＿＿＿
☐何を目的に＿＿＿＿＿＿＿＿＿＿＿＿＿＿＿＿＿＿＿＿＿＿＿＿＿＿＿＿＿＿＿＿
☐いつ＿＿＿＿＿＿＿＿＿＿＿＿＿＿＿＿＿＿＿＿＿＿＿＿＿＿＿＿＿＿＿＿＿＿＿
☐信頼性＿＿＿＿＿＿＿＿＿＿＿＿＿＿＿＿＿＿＿＿＿＿＿＿＿＿＿＿＿＿＿＿＿＿

2　URLから発信元を知る

URL（Uniform Resource Locator）は、インターネット上の資源（プログラム、文書、画像など）のアクセス手段（プロトコル）と所在情報を記述したものです。

http://muse.doshisha.ac.jp/JAECS/index.html

上記のURLは、http: プロトコル、muse: サーバ名、doshisha: 機関や団体の名称、ac: 機関や団体の属性コード、jp: 国名コード、JAECS: パス（サーバ内のフォルダ／ディレクトリ）

名、index.html: ファイル名から構成されています。muse.doshisha.ac.jpの部分は、識別のために世界でただ1つの名前になっています。これをドメイン（ネーム）と呼びます。

さらに、主な機関や団体、国名にはその属性に応じたコードが与えられています。代表的なものには以下のようなものがあります。他にどのようなものがあるか、探してみましょう。

com：一般企業など営利組織	mil：軍関係期間（米国）	gr.jp：任意団体（日本）
org：非営利組織・機関・団体	ac.jp：教育機関（日本）	uk：英国
edu：教育機関（米国）	co.jp：会社、一般企業（日本）	cn：カナダ
gov：政府機関（米国）	go.jp：政府機関（日本）	fr：フランス

3　URLをさかのぼって情報源を見つけ出す

　検索でヒットしたページからは情報源（あるいは情報の提供者）がわかりにくいことがあります。そのような時には、URLの右の方からディレクトリ記号 " / "（スラッシュ）部分までを削除し、URLをさかのぼってアクセスすると、そのページの所有者や所属がわかります。

　次のURLは、"Literary Resources on the Net" という文学のリソースリストですが、"Lit/" を削除すれば、作者Jack Lynch氏の個人ページが、さらに "~jynch" を削除すれば、この方の所属しているRutgers Universityのホームページが開きます。

　http://andromeda.rutgers.edu/~jlynch/Lit/

4　情報の質を評価する

　情報の「信頼性」は何を根拠に判断しましたか。情報の提供者がわかって、情報がおそらく正真（authentic）なものと思えても、次には、それがどのような主張を持った情報であるか、それは自分の本当に求めている情報かどうかを見極めること、すなわち、情報の質を慎重に評価することが必要になります。

課　題

1. GoogleからGM Foodをキーワードに各自で検索し、ヒットした内容を確認しましょう。
2. Yahoo!やAltavistaなどのディレクトリ・サービスやサーチ・エンジンを使って、"food safety"、"genetic engineering" などの語で検索を行い、ヒットした結果をクラスメートと比較しながら、その特徴を調べましょう。いくつかの手がかりを挙げます。
   - □どのような食べ物が問題になっていますか。
   - □GM foodに反対vs.賛成の立場ではどちらのものが多いですか。
   - □米国と欧州では上記の立場に違いがありますか。
3. 各自がそれぞれ関心を持つ話題についてキーワードを選んで情報検索し、検索結果について検討しましょう。
4. 情報の質を見分けるために大切なことは何でしょうか、評価基準を考えてみましょう。
   - □＿＿＿＿＿＿＿＿＿＿＿＿＿＿＿＿＿＿＿＿＿＿＿＿＿＿＿＿＿＿＿＿＿＿＿
   - □＿＿＿＿＿＿＿＿＿＿＿＿＿＿＿＿＿＿＿＿＿＿＿＿＿＿＿＿＿＿＿＿＿＿＿
   - □＿＿＿＿＿＿＿＿＿＿＿＿＿＿＿＿＿＿＿＿＿＿＿＿＿＿＿＿＿＿＿＿＿＿＿
   - □＿＿＿＿＿＿＿＿＿＿＿＿＿＿＿＿＿＿＿＿＿＿＿＿＿＿＿＿＿＿＿＿＿＿＿
   - □＿＿＿＿＿＿＿＿＿＿＿＿＿＿＿＿＿＿＿＿＿＿＿＿＿＿＿＿＿＿＿＿＿＿＿
   - □＿＿＿＿＿＿＿＿＿＿＿＿＿＿＿＿＿＿＿＿＿＿＿＿＿＿＿＿＿＿＿＿＿＿＿

Lesson 25　インターネットから得た情報を評価する 2

> **この課のねらい**
> この課では、前課に続き、情報の質を見分ける方法をさらに詳しく考える
>
> **この課の準備**
> 前課の課題4の解答を各自が準備しておく
> "GM food"（遺伝子組み換え食品）を扱ったサイトを検索によって探し、評価すべきサイトを準備する

1　情報は信頼できる提供者や機関から提供されているか

　探し求めている情報が、その方面の権威ある機関や研究者によって提供されている場合には、その情報の信頼性が高いと考えられます。しかし、権威はあっても、情報に偏りが見られる場合もあります。先の"GM food"の場合、それぞれのホームページではどのような情報がどの程度網羅されているでしょうか。またそれは何を意味するのでしょうか。調べてみましょう。
　比較するホームページのURLは以下の通りです。
　　□＿＿＿＿＿＿＿＿＿＿＿＿＿＿＿＿＿＿＿＿＿＿＿＿＿＿＿＿＿＿＿＿＿＿＿＿
　　□＿＿＿＿＿＿＿＿＿＿＿＿＿＿＿＿＿＿＿＿＿＿＿＿＿＿＿＿＿＿＿＿＿＿＿＿
　情報提供者に関する情報が、ヒットしたページに見当たらない場合には、ページ内に設けられたリンクがその情報を提供してくれることもあります。例えば、"About This Site"、"Who We Are"、あるいは"Help"のリンクから判明することもあります。また、サイトを以下の点から批判的・分析的に見ることも、信頼度をはかるために役立ちます。

　　□作成者は誰か：作成者は個人か、企業か団体か。作成者を紹介するリンクはあるか。作成責任者に直接連絡を取ることができるか。URLから判断して、どのようなドメインから情報発信されているか。
　　□サイトのデザインは良いか：先端ビジネスの企業のサイトならば、その企業の意気込みを感じさせるような洗練された雰囲気を感じさせるか。色づかいや装飾は内容にふさわしいか。
　　□文書は正確か：文章に言い回しや文法的な誤りはないか。誤字脱字はないか。他のサイトや画像へのリンクが切れていないか。論文の場合は、注や書誌が充実しているか。
　　□引用、被引用：他の良質なサイトがこのサイトをリンクしているか。このサイトが提供するリンクは他の信頼できるサイトにつながっているか。

　上記のような判断ができないサイトは用心したほうがいいでしょう。良質な情報の提供者は、通常、上のような点について配慮が行き届いたページを作成しています。

2　情報は新しいか

　ホームページを作成することは比較的簡単にできますが、ページの情報を常に新しいものに更新することは大変な努力を要します。このため、インターネット上のホームページは作成された後、長く更新されなかったり、いったん作成された後放棄されたり、またひどい場合にはページの所有者の企業や機関が消滅した後にもホームページだけは抹消されずに長く残っている場合があります。情報の新しさを確認するためには以下の点に注意します。

☐ 情報が最初に提供されたのはいつか。　　☐ 情報はどの程度頻繁に更新されているか。
☐ 最後に改訂されたのはいつか。　　　　　☐ ページの中のリンクは有効か。

3　情報は継続的に提供されているか

　そのサイトの情報やURLを自分のリサーチの参考文献の一つとして引用したい場合には、そのサイトが持続的に情報を提供してくれるかどうかが大切な条件になります。これを判断するには、そのページの閲覧者数を記録するカウンタの累計数、また、ページの開設年月日、ページ改訂の履歴、Copyright年も参考になります。

4　情報提供の目的は何か

　情報提供の目的を分析する必要があります。そのページは説得することを目的としているのか、情報提供や説明か、あるいは商品などの売り込みかなどを判断しなければなりません。
　☐ 政治的意図などがあり、主義・主張をアピールしたり、説得しようとしているのか。
　☐ 教育的・啓蒙的なサイトで情報を提供ないしは解説しようとしているのか。
　☐ 個人・会社・機関などが、それ自身を、ないしは、何かの売り込みをしているのか。

5　情報は十分に広く深い範囲を網羅しているか

　すぐれたサイトには、独自に作成した情報量の豊富さばかりでなく、さらに広く深い情報へのアクセスを可能にするような配慮がなされています。以下の点についてチェックしましょう。
　☐ サイト独自の資料が豊富か、過去の資料の保管場所（アーカイブ）が整備されているか。
　☐ 一次資料（統計、データなど）、二次資料（論文・参考文献など）へのリンクがあるか。
　☐ 書誌情報など、インターネット以外の資料の紹介と整備がなされているか。

6　情報（ページ）は使いやすいか

　ページの内容をわかりやすく使えるようなデザインにしてありますか。動画が多くて注意がそらされることはありませんか。背景の色や柄は文字を見にくくしていませんか。特に学術サイトの場合には、派手で奇抜なデザインや、スクリプトなど最新のブラウザ機能を要求する「仕掛け」のない、シンプルなページが良いサイトの証明であることが多いです。
　☐ ページは使いやすくデザインされているか。　☐ 動画やスクリプトの使用は適切か。
　☐ サイトマップなどサイト内の移動案内（ナビゲーション）機能が整備されているか。

　Web上の情報提供サービスが充実するにつれて、提供者はより大量の情報をより複雑かつ細分化されたサイトで提供するようになってきました。そのようなサイトで情報を求める際にはまず、少し時間をかけて、サイト内で情報がどのように整理されているのか、求める情報はどこにあるのかについて考え、サイトの構造を把握すると、効率のよい情報検索ができます。
　情報の真価を見抜き、正しく評価できることを、メディアに対する「クリティカル」な視点を持つと言います。

> **課　題**
> 1. 各自が用意したサイトをこの課を参考に評価しましょう。
> 2. サイト内の情報の有用性を検証しましょう。

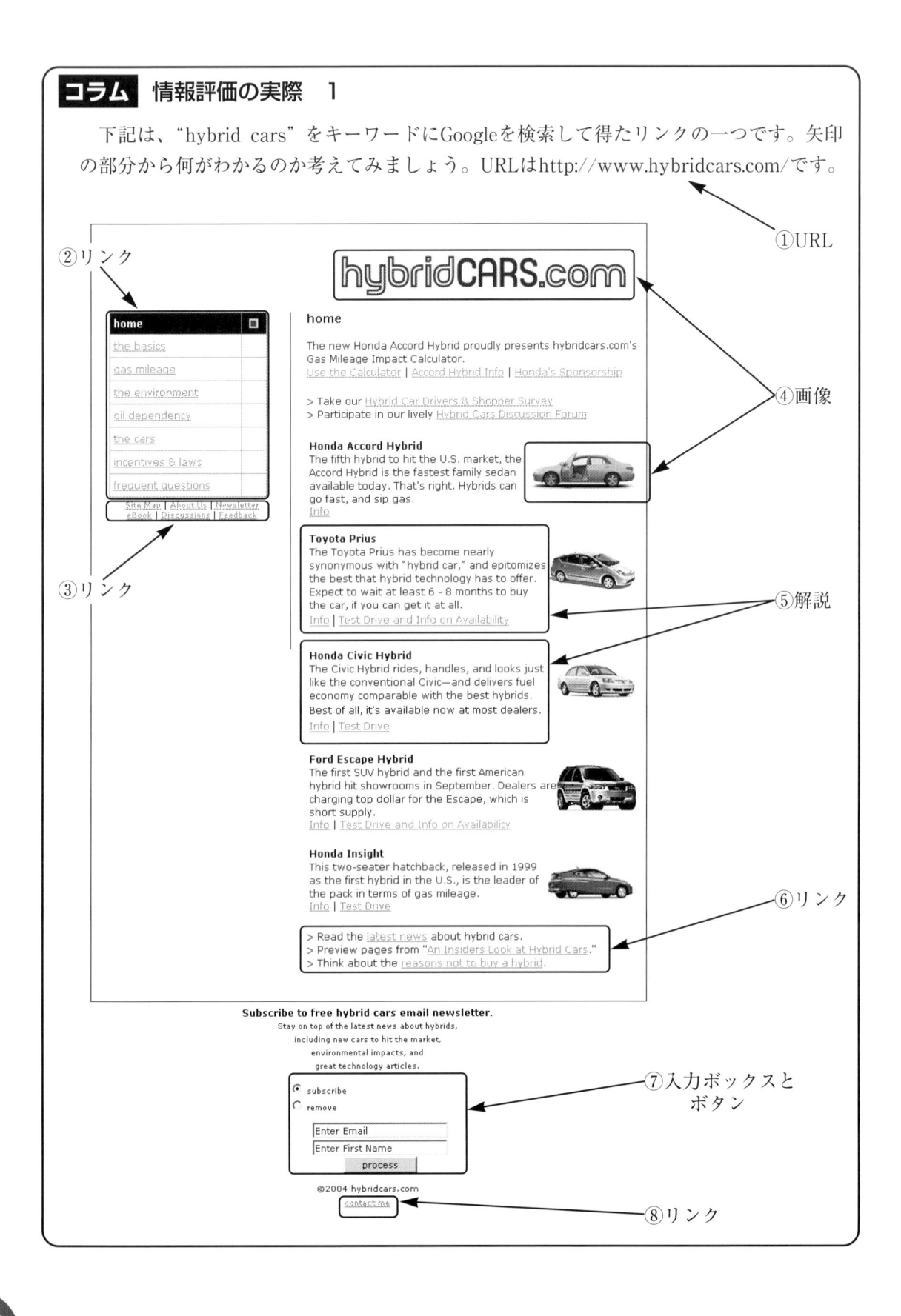

コラム 情報評価の実際　1

　下記は、"hybrid cars"をキーワードにGoogleを検索して得たリンクの一つです。矢印の部分から何がわかるのか考えてみましょう。URLはhttp://www.hybridcars.com/です。

①URL
②リンク
③リンク
④画像
⑤解説
⑥リンク
⑦入力ボックスとボタン
⑧リンク

コラム 情報評価の実際 2

　右は、Googleで"gun control"を検索し、得た結果の中から選んだサイトです。このページに実際にアクセスして、情報を評価してみましょう。ページは"The Brady Campaign to Prevent Gun Violence"、URLはhttp://www.bradycampaign.org/です。下の項目に照らし合わせて判断してみてください。

1．情報は信頼できる提供者や機関から提供されているか。
　□作成者は何者か。
　□サイトのデザインはよいか。
　□細部へのこだわりがあるか。
　□引用、被引用はどうか。

2．情報は新しいか。
　□情報が最初に提供されたのはいつか。
　□情報はどの程度頻繁に更新されているか。
　□最後に改訂されたのはいつか。
　□ページの中のリンクは有効か。

3．情報は継続的に提供されているか。
　□閲覧者数カウンタの累計数がわかるか。
　□ページの開設年月日がわかるか。
　□ページ改訂の履歴がわかるか。
　□Copyright年がわかるか。

4．情報提供の目的は何か。
　□政治的意図などがあり、主義・主張をアピールしたり、説得しようとしているのか。
　□教育サイトで情報を提供ないしは解説しようとしているのか。
　□個人・会社・機関などが何かの売り込みをしているのか。

5．情報は十分に広く深い範囲を網羅しているか。
　□サイト独自の資料が豊富か、アーカイブが整備されているか。
　□一次資料へのリンク、二次資料など関連サイトへのリンクが整備されているか。
　□書誌情報など、インターネット以外の資料の紹介と整備がなされているか。

6．情報（ページ）は使いやすいか。
　□ページは使いやすくデザインされているか。
　□サイトマップなどサイト内の移動案内（ナビゲーション）機能が整備されているか。
　□動画やスクリプトの使用が適切か。

その他
　□
　□

　次に、ディレクトリ・サービスやサーチ・エンジンを使って、"gun control"をキーワードに検索して、実際に得られたページを評価してみましょう。

Lesson 26　インターネットを経由したニュース記事の取得　1

> **この課のねらい**
> LexisNexis Academicなど、商用の英文新聞雑誌記事オンライン・データベースを利用して、ニュース記事を取得する
> 英文データベースが利用できない場合は、国内の邦文新聞雑誌記事オンライン・データベースを利用する
>
> **この課の準備**
> 大学で利用できるデータベースのうち、新聞雑誌記事を取得できるデータベースの種類と特徴、利用法の概略について、大学発行のマニュアルなどで確認しておく
> □私は＿＿＿＿＿＿＿＿＿＿＿＿＿＿＿＿＿＿＿＿をマニュアルとして参照します。

1　LexisNexisとは？

　広範かつ詳細な時事関連の英文記事を入手するには、LexisNexisを利用するのがよい。LexisNexisは世界最大のオンライン・フルテキスト（文字情報のみを提供する）データベース、LexisNexis Academicはその教育機関向けのサービスで、世界各国のニュース、雑誌、企業情報、法律情報などを網羅した情報データベースです。LexisNexisに豊富に収録されている新聞雑誌記事やニュース報道のトランスクリプト（口述記録）は、教育と研究のための資料としても貴重です。

2　検索の実際

　（ここではLexisNexis Academicに接続したところから解説します）
　以下に、米国ABC News社のニュース番組 "World News Tonight" から、Googleが世界の主要研究図書館と提携して、それらの蔵書1500万冊をデジタル化して無料配信するという計画のニュース報道（2004年12月14日放送）のトランスクリプトを入手してみます。

1. LexisNexis Academicに接続
2. 検索ページに2つのタブがあるので、Guided News Searchを選択
3. Step One: Select a news categoryからNews Transcriptsを選択
4. Step Two: Select a news sourceからABC News Transcriptsを選択
5. Step Three: Enter search termsに、"Google"と"leading libraries"を入力、双方とも、Full Textから検索するよう設定
6. Step Four: Narrow to a specific date rangeから、Previous five yearsを選択
7. Searchボタンを押して検索を実行　→結果が1件得られた

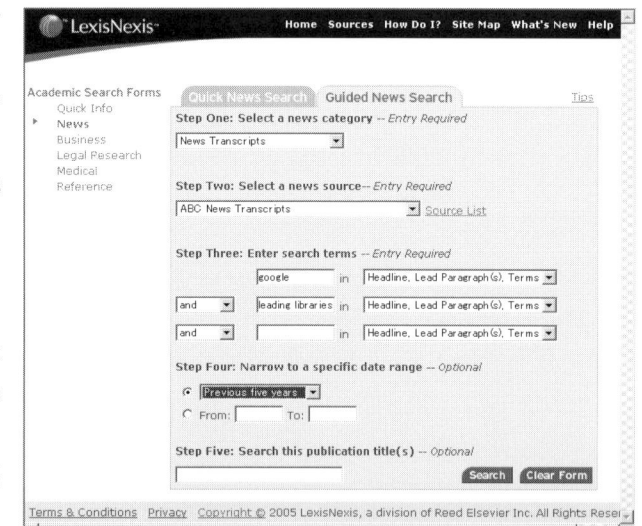

8. 件名をクリックすると本文が表示
9. ブラウザの「ファイル」から「名前を付けて保存」を選択し、本文をHTMLファイルとしてフロッピーディスク（A:ドライブ）に保存
10. 本文をHTMLファイルではなくテキストファイルで保存したい場合には、「ファイルの種類」に「テキスト」を選択

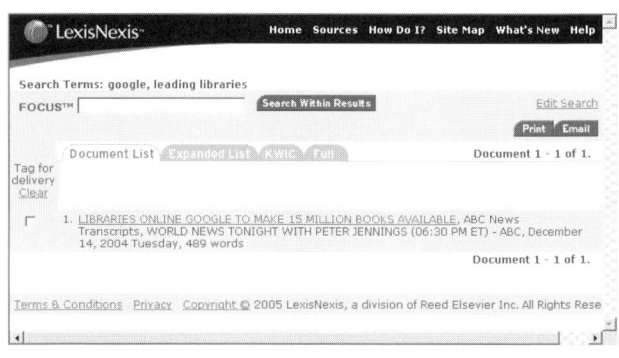

本文をテキストファイルで保存すれば、さらにワープロソフトウェアに読み込んで利用したり、コンコーダンサなどによって分析することもできます。

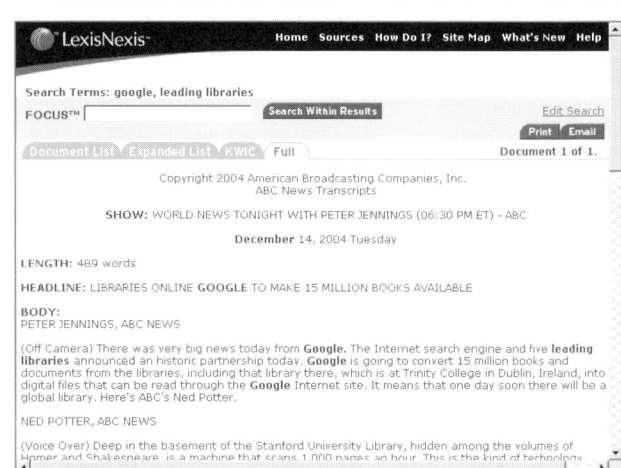

3 データベース検索に困ったら

膨大な量の情報の中から必要な情報を的確に取り出すのは、初心者にとってはかなり困難な課題です。情報検索に困ったなら、図書館に相談するとよいでしょう。その際には、自分にとって何が本当に必要な情報なのかを明確にしておく必要があります。また、何が信頼できる情報で何ができないのかという、Lesson 24, 25で学習した、メディアに対するクリティカルな視点を常に忘れずに、求める情報を捜すことが大切です。

私はその後、図書館を、□よく利用しています　　□あまり利用していません。
私はメディアに対してクリティカルな視点を、□持っています　　□持っていません。

課　題

1. クラスメートと1, 2週間前の新聞雑誌を読んで、共通の話題を取り上げ、大学で利用できる新聞雑誌データベースで記事を検索してみましょう。その際に異なる国やメディアを選んで、記事の扱いを比較しましょう。
2. NPRやPBS（Appendix 21, 22, 23, 24「ニュース（世界から）」参照）の英語ニュース（NewsHour, All Things Consideredなど）を聞いて、興味の持てるニュースを捜してください。そしてその内容をできるだけ聞き取り、キーワードを用意して、そのトランスクリプトを捜してみましょう。LexisNexis AcademicかABC Newsのサイトを利用するとよいでしょう。

Lesson 27　インターネットを経由したニュース記事の取得　2

> **この課のねらい**
> *The New York Times*, *The Times*, *TIME*, *Newsweek*, *The Japan Times*など、新聞雑誌社独自のオンライン・データベースを利用して、ニュース記事を取得する
>
> **この課の準備**
> 世界の主要新聞雑誌社のホームページをいくつか閲覧し、サイトの構成や提供されているデータの特徴に慣れておく

1　インターネット上のニュース配信サイトを利用する

前述のLexisNexis Academicはとても強力なデータベースですが、万能ではありません。メディアがデータベースに記事を登録していなければ検索できません。また、メディアが登録されていても、著作権等の制約により、取得できない記事や内容も多くあります。冊子媒体でも同時に出版されているものについては、オンラインの記事ばかりでなく、そちらのほうも参照するとよいでしょう。

2　世界のニュースサイト

Appendix 17 に掲げるのは、世界の代表的新聞雑誌サイトの一部です。内容と提供方法にはそれぞれ特徴があるので、個々のサイトの構成と記事内容を吟味して利用する必要があります。

さらに特定の地域のメディアや特定の新聞雑誌を閲覧したい場合には、インターネット上のサイトをカテゴリに分けて検索できるディレクトリサービスYahoo!やGoogle Directoryからリンクをたどることで求めることができます。また、政治・経済・科学など特定分野の雑誌についても、上記ディレクトリサービスの中から当該分野をたどって求めることができます。

3　同じ雑誌の異なる版

インターネットのニュースサイトを訪れると、同じ事項を報道する場合でもメディアによって微妙に扱いが異なることに気づきます。さらに同じ雑誌でも発行地が異なれば、扱う記事や記事内容が異なる場合がしばしばあります。例えば、週刊雑誌 *TIME* は、米国版のほかに5つの版があり、それぞれの地域によって記事の内容や編成が異なっています。同一雑誌の異なる版を比較することで、メディアをクリティカルに受容し、解釈する訓練もできます。

TIME の異なる版とURLは、

☐＿＿＿＿＿＿　http://＿＿＿＿＿＿＿＿＿＿＿＿＿＿＿＿＿＿＿
☐＿＿＿＿＿＿　http://＿＿＿＿＿＿＿＿＿＿＿＿＿＿＿＿＿＿＿
☐＿＿＿＿＿＿　http://＿＿＿＿＿＿＿＿＿＿＿＿＿＿＿＿＿＿＿
☐＿＿＿＿＿＿　http://＿＿＿＿＿＿＿＿＿＿＿＿＿＿＿＿＿＿＿
☐＿＿＿＿＿＿　http://＿＿＿＿＿＿＿＿＿＿＿＿＿＿＿＿＿＿＿

4　より多くの記事へのアクセスは有料

TIME や *Newsweek* もそうですが、新聞雑誌社の多くは、無料配信している記事と有料配信の記事を区別しています。最新版は無料で、過去の記事を蓄積したアーカイブ内のもの

は有料という場合が多いのです。有料版を利用するか否かは、その情報の必要度と料金とを秤にかけて決めることになります。

5 記事の検索方法

サイト内の記事検索ができる機能が設けられているので、検索窓にキーワードを入力して検索します。したがって、適切なキーワードを選択することが重要です。このためには日頃から時事問題の報道に親しんで用語を理解する必要があります。キーワードが適切でないと、いくら時間をかけても求める情報が得られないことになります。

6 記事のダウンロード

目的の記事が見つかり、保存しておく価値があると判断した場合には、ファイルとして保存あるいは印刷することになります。保存の方法はいくつかありますが、もっとも簡便なのは、ブラウザの「ファイル」メニューから「名前を付けて保存」を選択して保存する方法です。この時には、ホームページのままで保存する、テキストファイルで保存するなど、保存するファイル形式を選択することができます。Internet Explorerを利用しているならば、「Webページ、完全」を選択すると、テキストばかりでなく図や写真など、ほぼすべての情報が、そのままのレイアウトで保存できます。(Appendix 8 参照)

7 記事の印刷

印刷する場合には、ページすべてを印刷する必要はなく、Webページ上の必要な箇所をマウスポインタでドラッグして反転してから、「ファイル」メニューの「印刷」の「選択した部分」を指定して印刷すれば、反転した部分だけが印刷されて、印刷資源の無駄を省くことができます。

ページ全体を紙幅に収めるように印刷する方法については、Lesson 9.7（p. 27）を参照してください。

8 図書館の重要性

オンライン・データベースや新聞雑誌社のページでは本文が発見できないが、確実にそのメディアに記事が掲載されていることがわかっている時には、紙媒体のバックナンバーを図書館などで調べることになります。図書館ではオンラインのものとオフライン（従来の紙メディア）の資料の双方を参照できることが多いので、情報収集には理想的な場です。

□インターネット上のニュース配信について理解し、アクセスしました。
□図書館の雑誌コーナーも確認しました。

課 題

以下の条件に合致する記事を、新聞社・雑誌社のサイトから探してみましょう。記事本文にアクセスできない場合には、発行年月日を控えて、冊子媒体の記事を入手してみましょう。
1. 欧米の主要新聞雑誌には、最近の日本文化のどのような側面が紹介されているか、媒体を選んで調べてみましょう。
2. クレジットカード情報を盗む「フィッシング」詐欺の手口と対策について調べてみましょう。英語のスペリングを調べた後で、新聞雑誌のホームページで調べてみましょう。
3. *TIME* 誌は、最新号の一部記事をインターネット上に無料公開しています。冊子体の最新号を実際に入手して、その中から、オンライン版でも公開されている記事を選んで比較しましょう。オンライン版と冊子体版の、それぞれの利点はどこにありますか。

コラム　ニュース記事取得の実際

　日本固有の文化現象や事件が英語メディアでどのように紹介されているか、海外からどのように見られているかを知るのは大変興味深いことですが、これにはインターネット上のニュース記事とLexis-Nexisの双方を組み合わせた検索を実行する必要があります。以下の話題について、海外メディアの報道を探ってみましょう。

・いわゆる「オレオレ詐欺」(「振り込め詐欺」) について
・『冬のソナタ』など日本における「韓流ブーム」について
・宮崎駿監督の『千と千尋の神隠し』など、日本のアニメーション映画について

　これらの事象について、英語記事を入手したい時には、次のようなステップを踏みます。

1．検索のキーワード、キーフレーズとなる英語表現を探す。固有名詞が使えたり、英語表現が定まったりしている時にはそれを利用します。新語の場合には、まだ英語訳が固定していない場合があるので、日本語表現の読みのローマ字表記で検索します。Googleなどのサーチ・エンジンを使います。
2．得られた英語表現を利用して、英文の新聞雑誌を検索します。日本の事象ならば、日本で発行されている大手新聞の英語サイト、あるいは、アジア系の英字新聞サイトが、欧米の事象ならば、*TIME* や *The Economist* など英米系の雑誌、*The New York Times*, *The Times*などの英米の大手新聞などが適当でしょう。ただし、媒体によっては記事へのアクセス範囲や時期に制限を設けている場合もありますので、得られた情報を分析し、さらにキーワードやキーフレーズを洗練させます。この段階では、記事の内容に注目して、内容が多岐にわたる場合には内容を絞り込むことが必要です。
3．海外メディアの記事を検索できるデータベースで検索を実行します。Lexis-Nexisなどの大規模なフルテキストデータベースで検索して、検索期間や検索語を必要によって調整して、求める記事を探します。
4．検索結果を吟味し、2から3のプロセスを繰り返して、関連記事を集めます。

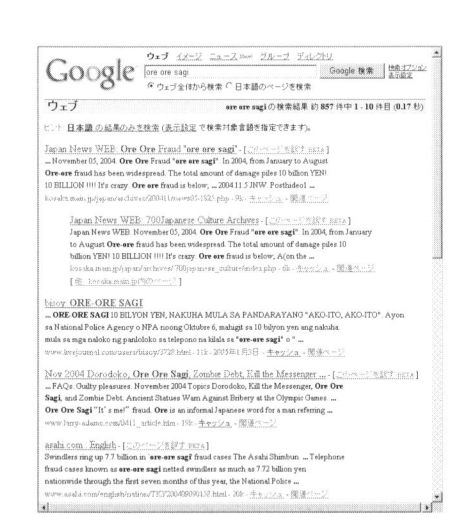

　まず、最初の「オレオレ詐欺」について、検索しましょう。検索の道筋を考えます。
1．Googleで "ore ore sagi" ないしは "Ore-Ore sagi" で検索し、英語表現を得ます。
2．日本で発行されている英字新聞のサイトで、上記で得た英語表現で検索し、結果を吟味します。
3．Lexis-Nexisを利用して検索。結果を吟味します。
4．興味の持てる記事を2、3本印刷して精読します。

以下、例をもとに実際の検索を実行しましょう。なお、検索結果は、2005年1月現在のものです。
1．Googleに表現をそのまま入力し検索します。結果を吟味して、英語表現を探ります。検索結果

から、「オレオレ詐欺」は、日本語のまま、"ore ore sagi" などの表現で現れ、また、英語では "Ore Ore fraud"、"'It's me' fraud" などと訳されていることがわかります。検索結果の中には、朝日新聞の英語版サイトasahi.com（http://www.asahi.com/）の記事もありますので、これにアクセスすると、オレオレ詐欺は、"'ore-ore sagi' fraud"、"'it's me, it's me' fraud" あるいはさらに一般的な表現として "telephone fraud" とあります。また、この詐欺の手口については、". . . confidence men call up their victims pretending to be a distraught relative in need of quick cash and ask that money be placed immediately in a designated bank account."（IHT/Asahi: September 9, 2004）と簡潔に解説されています。

2．asahi.comでの検索結果から用語を整理すると、「オレオレ」は、"oreore/ore-ore/ore ore/It's me" あるいはたんに "telephone"、「詐欺」は "fraud"、"scam"、「詐欺師」は "swindlers"、"con artists/men"、被害者は "victims"、"elderly parents" となります。

3．Lexis-Nexis を利用して新聞雑誌の中に現れた記事を検索します。話題は日本固有のものですので、ほとんどのレポーターは日本人ですが、このような場合には、日本人レポーターと外国人レポーターの視点の異なりが興味深い場合があります。

4．実際に得られた記事を精読すると、一般に被害状況や手口の紹介だけの記事が大部分ですが、その中で、*The Japan Times*のPhilip Brasor氏の記事、"Telephone fraud is criminally dumb at the end of the line" が目を引きます。Brasor氏は、「オレオレ詐欺」の被害について紹介し、特に手の込んだ「劇場型」（gekijo-gata ("dramatic type") fraud）について警告した後に、劇場型の「成功」は、人のだまされやすさ（gullibility）にもよるが、むしろ、公正たるべき警察官が示談金（settlement money）の仲介役（go-between）を行うことを真に受けたり、子供の不始末を子供の責任とせずに親が解決しようとしたりするという、日本社会に特有な倫理的に曖昧な（fuzzy about ethics）点を指摘しています。日本社会における、いわゆる「甘えの構造」を、「オレオレ詐欺」の中に見ており、この視点は他の記事よりもより分析的で興味深いものです。このような場合、この記者名で他の記事を検索してみると、この記者の日本人観が見えてきて、さらに興味深い洞察が得られるかもしれません。

上記に紹介したような検索の方法は、あくまでも一例です。検索分野や検索対象によって、用語の入手方法、検索の範囲、検索結果の絞り込みは異なってきます。柔軟でダイナミックな検索をこころみましょう。

次に、最初にあげた他の2つの例についても調べてみましょう。

Lesson 28　インターネットを利用した英語リスニング 1

> **この課のねらい**
> インターネットを利用して、英語の基本的な発音練習と聞き取り練習を行う
>
> **この課の準備**
> 各自のコンピュータにWindows Meida Playerや、Real Playerなどの音楽・音声再生ソフトウェアがインストールされていて、スピーカやヘッドセットなどを通して音声が聞けることを確認する

1　インターネットのリスニングサイト

　現在、インターネットからは、外国語としての英語を学ぶ人びとのために、リスニング・文法・読解を中心として、数多くの教材が提供されています。ここではそれらのうち、リスニングに集中して学びます。

　初心者は英語のリスニングの「基本」を学ぶことのできるサイトの利用法を学びます。中級者は世界各地の新聞雑誌社からの、また、日本から発信される英語ニュースのうち、英語の習熟度に応じたニュース英語の楽しみ方を学びます。上級者・一般は、映画のスクリプト（台本）や歴史的なスピーチを利用して各自の英語力に応じたサイトを選ぶ方法、学習に役立つサービスの利用法、リスニングを継続させる方法を学びます。

　インターネットを介して気に入った番組を継続して聞き取ることで、その国の文化・習慣・宗教の実際の姿を知ることができ、また政治・経済・国際情勢について複眼的な視点を養うこともできます。英語リスニングを単なる資格試験の点数向上の手段とせずに、リスニングを通じて「世界を聞き取れる」ようになることを目標としましょう。

2　まず、英語の発音に慣れよう

　リスニングのためには、英語の発音をしっかりと理解し、聞き分けることができなければなりません。そのためには、英語の音がどのように発音されるのか、母音や子音など基本的な音の違い、会話に用いられる短縮形の音を知識として確認し、音に慣れる必要があります。大事な点は、聞くだけでなく、発音してみることです。

　　　発音の仕組みを理解する　→　類似した音声を聞き分ける
　　　　→　短縮形を理解する　→　リスニングの練習に入る

　Phonetics Flash Animation Project（http://www.uiowa.edu/~acadtech/phonetics/）
　開いたページのEnglish Sounds Libraryをクリックします。新しい窓が開きます。中央のアニメーションで舌や声帯の動きが、右のビデオで発音時の唇の形を見ることができます。このサイトでは、発音の際の口の形と動かし方を、断面図のアニメーションとビデオで紹介してくれます。音を聞いて、実際に発音練習をしましょう。

　□モデルとなる発音を聞いて、十分に発音練習を行いました。

English Sounds Libraryをクリックします。

分類から音を選ぶことができます。

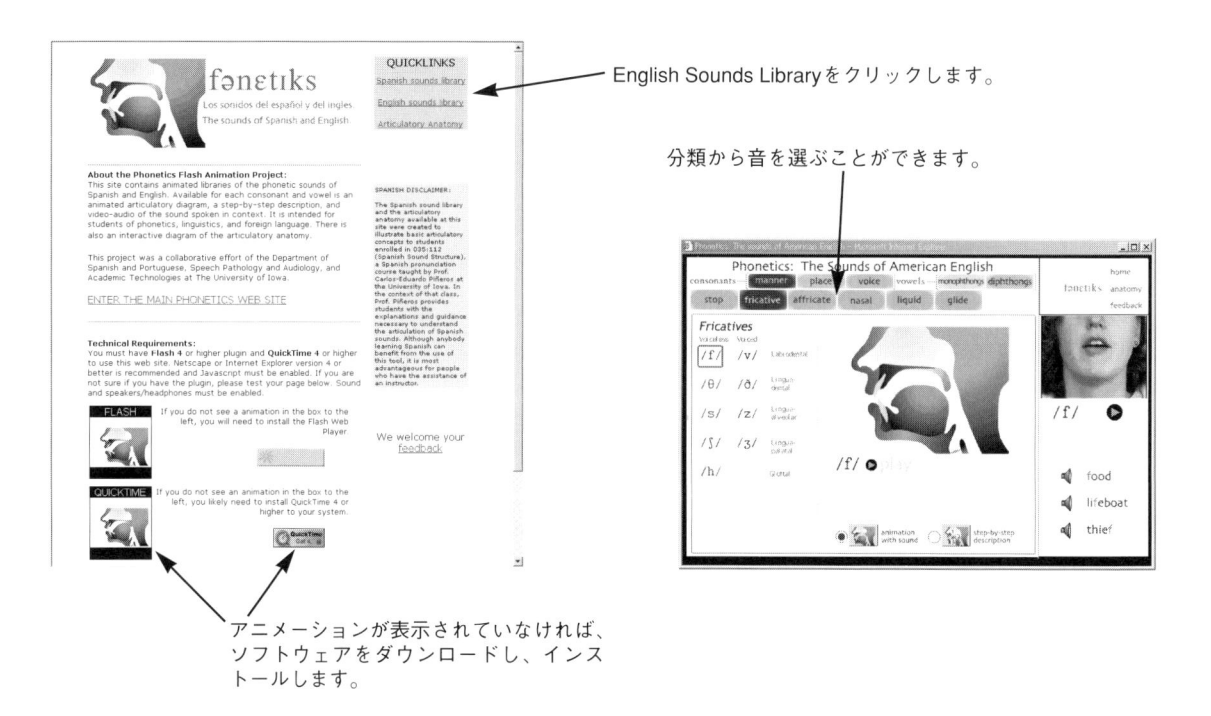

アニメーションが表示されていなければ、ソフトウェアをダウンロードし、インストールします。

　Check Your English（Listening）（http://evaeaston.com/pr/quizzes.html）で、発音のミニマル・ペア（1音だけが異なる対語）の聞き取りをしましょう。このサイトからは豊富なドリルが提供されています。会話の聞き取りに役立つ短縮形（Reduction）の聞き取りも練習します。（http://evaeaston.com/pr/red-pattern.html）
　□上記サイトにアクセスして、発音練習をしながら、ドリル学習を行いました。

　Interesting Things for ESL Students（Audio Concentration）（http://www.manythings.org/ac/）カードゲームで、ミニマルペア単語の聞き取りを練習します。
　□上記サイトにアクセスし、発音練習しながら、ゲームを楽しみました。

課題

1. この課で紹介されたCheck Your English のサイトにアクセスして発音練習を行いましょう。
2. Check Your Englishのミニマルペアの練習問題の成果を次の表に書き込みましょう。
    □Drill:　　a　／　æ　; Score: __15__ / __20__　（例）
    □Drill:　　　　／　　　　; Score: _____
    □Drill:　　　　／　　　　; Score: _____
    □Drill:　　　　／　　　　; Score: _____
3. Interesting Things for ESL Studentsの練習問題の成果を次の表に書き込みましょう。
    □Your time: _____ ; Flip count: _____
    □Your time: _____ ; Flip count: _____
    □Your time: _____ ; Flip count: _____

Lesson 29　インターネットを利用した英語リスニング 2

> **この課のねらい**
> インターネットを利用して、やさしいニュース記事の聞き取り練習を行う
>
> **この課の準備**
> 前課の発音練習と基本的な聞き取り練習を十分上達したと実感できるまで行う

1　リスニングの方法

　　発音の基礎をマスターしたら、次にゆっくりとしたスピードで話されるニュースやエッセイを聞きます。まず、何度も聞いて大まかな内容をつかみます。キーワードと思われる語句や論旨の流れをノートにメモしましょう。初心者のレベルでは、音声を聞いただけでは、大意はつかめても、詳細な内容は聞き取れないことが多いので、スクリプトを参照して、英文の意味や内容までしっかり理解します。大切なのは、たくさん聞くことではなく、数は少なくても十分に聞き込んで、正確かつ詳細に内容が理解できるようになることです。

　　まず音声を聞く
　　　→　大意を把握し、主題やキーワードをメモする
　　　　　→　音声を聞きながらスクリプトでチェックする
　　　　　　　→　スクリプトを参照して単語や語法を調べる、論旨の流れを確認する
　　　　　　　　　→　内容を完全に理解し、音声だけで理解できるようにする

2　VOA

　　VOA（Voice of America）（http://www.voanews.com/specialenglish/）から、"Reading Exercises"をリスニング教材として学習しましょう。
　　それぞれのReadingにはMP3形式の音声ファイル①とスクリプト②が付属しています。音声ファイルはパソコンにダウンロードすることもできます。また、Comprehenshion Questionsとして5問ずつ内容に関する質問が出されています。解答例は、質問の下に設けられた"Click here for answers"から得ることができます。

　　□VOAの"Reading Exercises"の＿＿＿番を学習しました。解答のスコアは＿＿＿／＿＿＿です。

① 音声ファイルをダウンロードすることができます。
② スクリプトは印刷して参照することができます。
③ 本文にもとづいた質問があり、リンクをたどれば、解答を参照することができます。

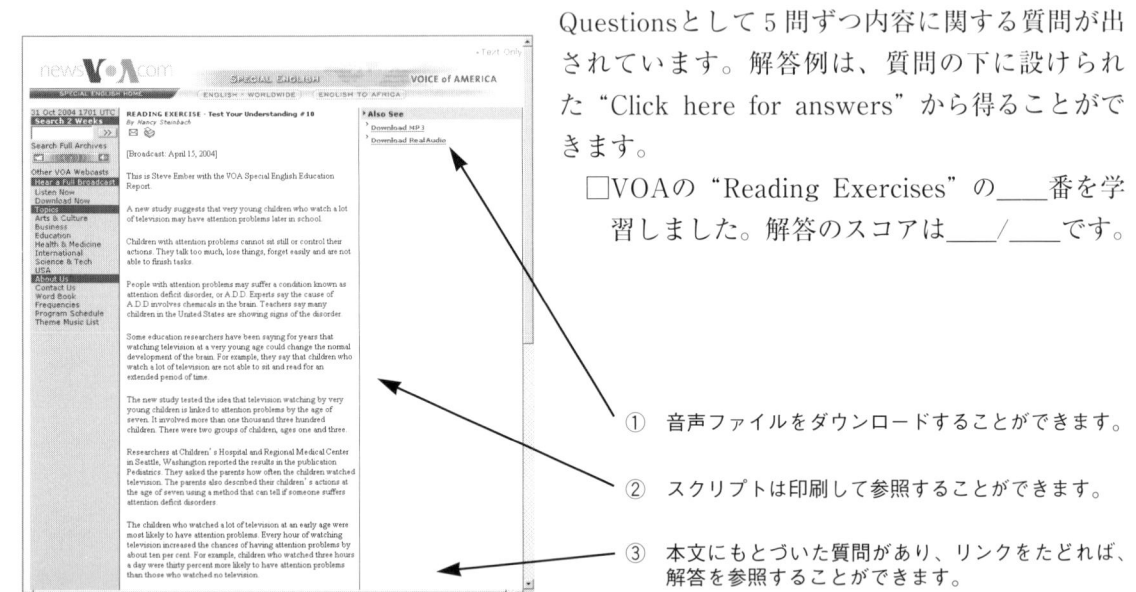

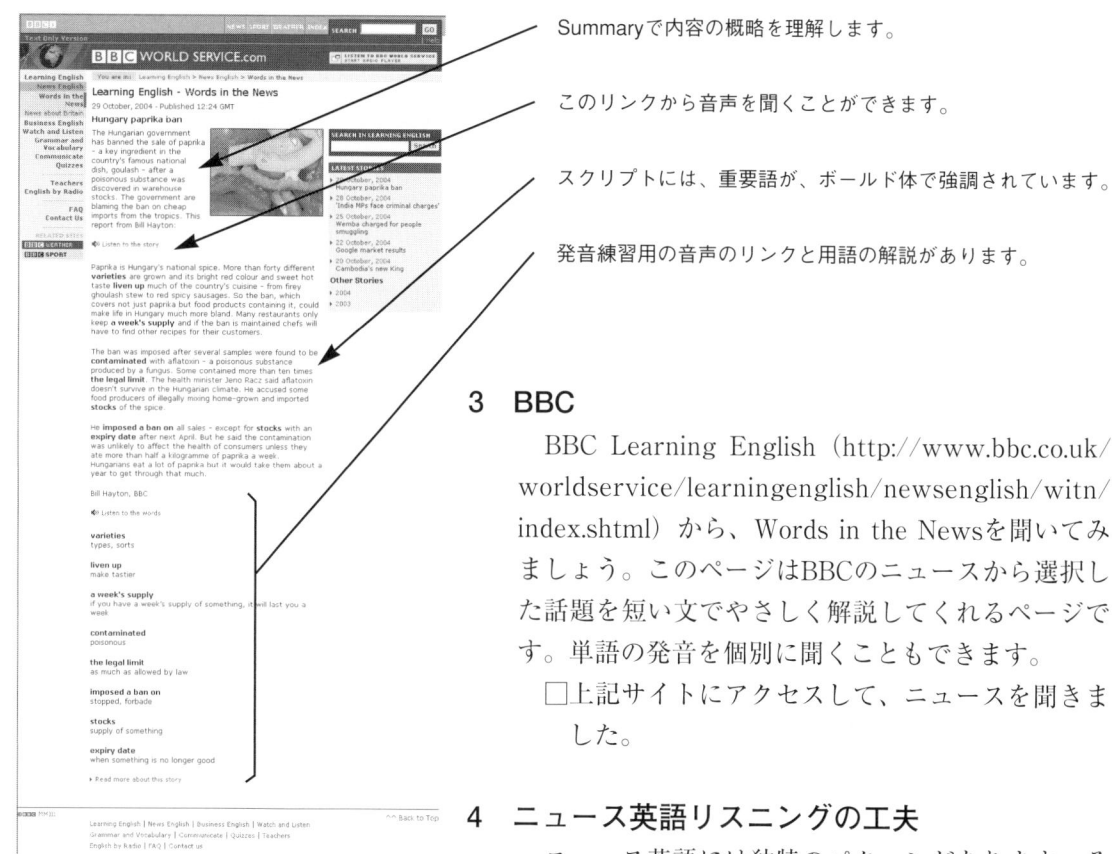

Summaryで内容の概略を理解します。

このリンクから音声を聞くことができます。

スクリプトには、重要語が、ボールド体で強調されています。

発音練習用の音声のリンクと用語の解説があります。

3 BBC

BBC Learning English（http://www.bbc.co.uk/worldservice/learningenglish/newsenglish/witn/index.shtml）から、Words in the Newsを聞いてみましょう。このページはBBCのニュースから選択した話題を短い文でやさしく解説してくれるページです。単語の発音を個別に聞くこともできます。

□上記サイトにアクセスして、ニュースを聞きました。

4 ニュース英語リスニングの工夫

ニュース英語には独特のパターンがあります。それを理解して効率のよい聴解を心がけましょう。これはLesson 16.6, 7（p. 43）とも関連します。

・タイトルと導入部を逃さない：導入部は全体の要約を述べていることが多く、スピードも比較的遅いので、逃さないようにしっかり聞く。
・ニュースの性質を理解する：事件の解説か、描写か、対立する見解を持つ識者の意見陳述か、それによって内容がどのように構成されているかをすばやく理解できるようにします。
・ニュースの構成を理解する：上記と重なる部分もありますが、ニュースは時間軸に沿って語られるのか、原因と結果か、比較か、対象かなどニュースの論理展開を理解して構成をすばやく理解できるようにします。
・知識の引き出しを多くする：日本語で聞いてもわからないものは英語で聞いてもわかりません。日頃から現代社会の問題、世界情勢を理解するための知識を、新聞や雑誌、日本語ニュースなどから仕入れてください。
・リスニングを日常生活の一部にする：少しの時間でもいいですから、毎日聞く習慣を付けましょう。

□リスニングの工夫を理解し、上記2, 3のリスニングを再度行いました。

課 題

この課で紹介されたサイトにアクセスして様々な教材にチャレンジしてみましょう。

Lesson 30 インターネットを利用した英語リスニング 3

> **この課のねらい**
> リスニングを継続する工夫を考える
>
> **この課の準備**
> 前課までの内容をよく理解すること
> 聞いて楽しく、リスニング力を向上させることのできる素材を考えること

1 リスニングの方法（慣れてきたら）

　ある程度リスニングに慣れてきたら、リスニングを習慣づけるようにします。

　ニュースなどは毎日聞いていると、同じ話題が次第に展開していくのがわかります。固有名詞や用語にも、次第に慣れてきます。繰り返し出てくる単語は重要ですから、意味を辞書などで確認しておきます。また、聞き取れない語は前後関係で音をよく聞き、見当を付けて辞書で調べます。調べた単語は単語帳などを作って覚えるようにしましょう。

　トランスクリプトを手に入れて内容を確実に理解しながら聞くこともよいでしょう。トランスクリプトは、放送局などが提供している場合もありますが、そうでない場合には、図書館のLexisNexisデータベースでスクリプトを入手することもできます。利用方法はLesson 26（p. 68）を参照してください。

　　まず音声を聞く
　　　→　英文の大意と、論旨の流れを理解する
　　　　　→　繰り返し聞いて聞き慣れない用語や表現をチェックする
　　　　　　　→　必要に応じて辞書やスクリプトなどを用いて内容をチェックする
　　　　　　　　　→　自分なりに納得できる程度に理解し、内容を人に紹介できるようにまとめる

　NHK Daily News（http://www.nhk.or.jp/daily/english/）に、まずトライしてみましょう。
　このサイトには、NHKの海外向けテレビ放送からニュースを選択して発信、音声・映像・スクリプトがそろっています。内容を十分に理解するには、最近の時事事情が理解できていなければなりません。
　　□実際にアクセスして聞いてみました。　□内容の要約を作成しました。

　次にPBS NewsHour（http://www.pbs.org/newshour/newshour_index.html）を聞いてみましょう。
　最新の番組は音声のみ、過去の番組はビデオストリームでも見ることができます。複数の識者が意見交換する特集が多く、レベルは高いです。
　　□実際にアクセスして聞いてみました。　□トランスクリプトを手に入れました。

2 お気に入りの音声ファイルとスクリプト

　特に気に入った素材（番組など）は、暗唱するまで徹底的に聞き込み、内容をすべて理解するのがよいでしょう。そのためには、聞き飽きない素材を見つける必要があります。

ニュースの中でも「特集」として、時間をかけて取材し編集したものには、何度も聞いて飽きないものがあります。また、特にお気に入りのキャスター（anchorperson）や記者（reporter）がいれば、その人の担当したものを重点的に聞くのもよいでしょう。

　一般的には、歴史的に有名な演説（speech）などがよいでしょう。例えば、米国歴代大統領の就任演説や、公民権運動指導者となったMartin Luther King, Jr.の"I Have a Dream"などがそれです。このようなスピーチは、よく準備され、洗練された言葉と文体を絶妙の抑揚に乗せ、演説の名手によってなされますので、心に残ります。さらに、内容理解の過程で、このような演説がなされた社会的背景、その演説が社会に与えたインパクトを調べると、その当時のその社会や世界が抱えていた課題とその後の展開も見えてきます。

　お気に入りの番組、キャスター、演説などを見つける
　　→　その番組や演説の録音を手に入れる
　　　　→　できればその録音のスクリプトを手に入れる
　　　　　　→　録音を徹底的に聞き込んで、内容を理解し、暗記するまで聞く

　以下は歴史的なスピーチを提供しているサイトです。

　PBS Great American Speeches（http://www.pbs.org/greatspeeches/timeline/index.html）：米国の政治家、市民運動家のスピーチを提供しています。音声や動画も提供しています。

　American Rhetoric: Top 100 Speeches（http://www.americanrhetoric.com/newtop 100 speeches.htm）：このサイトでは、Martin Luther King, Jr., やJohn F. Kennedyなど、歴史を作った人びとの有名なスピーチを聞くことができます。上の画像は、前者の"I Have a Dream"スピーチを提供しているページです。

　The British Library Sound Archive Listen to sounds from the Archive（http://www.bl.uk/collections/sound-archive/listen.html）：詩やスピーチなどが聞けます。14歳のエリザベス（後の女王）のクリスマススピーチもあります。

　　私のお気に入りリスニングサイトは、☐＿＿＿＿＿＿＿＿＿＿＿＿＿＿＿＿＿＿＿＿＿＿＿＿＿です。

3　リスニングを習慣づける工夫

　インターネットやラジオ、テレビを通じて毎日毎週英語を聞くよう、リスニングを習慣づけましょう。また、MDプレイヤーや、最近普及してきているMP3形式の音声ファイルを扱うことができる携帯用音楽再生プレイヤーなども「スマートなリスニング」の手助けをしてくれます。

課題
1. 自分の好みのリスニングサイトを見つけましょう。
2. 継続して聞くにはどのような工夫がさらに必要でしょうか、考えてみましょう。

Lesson 31　オンライン辞書・電子辞書を使いこなす

この課のねらい
様々なオンライン辞書のサービスを理解し、使いこなす
加えてポータブル型電子辞書、パソコンで引くCD-ROM辞書を使いこなす

この課の準備
Appendix 21-6のURLリストから、辞書サイトを選び、辞書の種類と使い方を予習する
携帯型電子辞書を利用しているなら、収録されている辞書の名前と種類、検索機能を理解する

1　辞書の種類

無料のオンライン辞書
　現在インターネット上から様々な辞書が利用できるようになりました。英語学習に関するものとしては、英和・和英・英英など、基本的な辞書が無料で利用できます。

有料のオンライン辞書
　語彙数の多い辞書や活用辞典などは有料で利用できます。英語の辞書の中でもっとも権威のある *Oxford English Dictionary* も有料でオンライン検索できるようになっています。多くの大学では大学が費用を負担して、これらの辞書を学内で自由に使えるようなサービスを提供しています。一度自分の所属する大学ではどのような辞書が利用できるか確認してみましょう。

CD-ROM辞書
　図書館では上で述べたオンライン辞書の他に、CD-ROMから利用できる辞書の検索も提供されています。一方で、最近は書籍で販売されている辞書のCD-ROM版も、比較的安価に購入できるようになりました。欧米で出版されている英英辞典には、その辞書のCD-ROM版が付録として付いてくることもあります。

携帯型電子辞書
　携帯型電子辞書は、おそらく現在大学生にもっとも人気のある学習ツールの1つでしょう。これを使う場合、計算機のおまけのような辞書は害があっても益はありません。購入を決定したならば、少々高価でもよい学習辞典の入った辞書を選びましょう。良い電子辞書はアカデミックな大学生活のレベルを一段と高めてくれます。

　□辞書の種類について理解しました。

2　どのような辞書が必要か
　さて、英語学習に焦点を絞った場合、どのような辞書が必要なのでしょうか。

単語の語義：英和辞典
　単語の語義を調べるためには、英和辞典が便利です。学習用の英和辞典でよいものを利用しましょう。単語を読んでくれる音声付きのものもありますので、発音に自信のない単語は、必ず発音を確認することです。*TIME* 誌や *Newsweek* 誌などの時事的な記事を読むためには、語彙数の多い英和辞書が役に立ちます。

　Exceed英和辞典：http://dictionary.goo.ne.jp/
　英辞郎：http://www.alc.co.jp/

訳語の意味がわかりません！：国語辞典、百科事典

英語を読んでいてよく聞くのが、「訳語の意味がわかりません！」という声です。『広辞苑』のような百科辞典的な国語辞典、また、インターネット上の百科事典からは、「ものごと」についての解説を知ることができます。

広辞苑：ほとんどの携帯型電子辞書に収録
ネットで百科（平凡社世界大百科事典）：http://ds.hbi.ne.jp/netencyhome/

英語の微妙なニュアンス：英英辞典

英語の表現の微妙なニュアンスは英英辞典で確認できます。英英辞典はまた、英語表現の言い換え（paraphrasing）に用いることもできます。

Longman Dictionary of Contemporary English: http://www.ldoceonline.com/
Oxford Advanced Learner's Dictionary: http://www.oup.com/elt/global/products/oald/

作文のための言葉の使い方：活用辞典

英作文のためには、まず、日本語で言いたい内容を明らかにして、それをできるだけ平易な日本語で表現してみます。次にそれをできるだけ明瞭な英語に直してみて、特に言葉のつながりが自然であるかに注意します。主語と動詞の関係、動詞と目的語・補語、名詞と前置詞の使い方などです。これらの語の間に「共起」性、「連語」性のある表現を使う必要があります。共起性とは、「親和性」とも言い換えることができますが、言葉のつながりが、英語として「なじんでいる」「自然である」ことです。これを確認するためには、Lesson 21, 22 で学んだコーパスの検索も有効ですが、最近の電子辞書に収納され始めた、「英和活用辞典」「連語辞典」が役に立ちます。

□辞書の種類と利用法について理解しました。

3 電子辞書の工夫

機能に習熟する

電子辞書は機能が豊富です。機能を研究して使いこなしましょう。上級機種には、辞書の用例をコーパスとして利用できる「例文検索」機能が付いています。

用例を参照する

電子辞書は一覧性に欠けるため、用例の参照に手間がかかります。しかし、用例を参照しないと、言葉本来の用い方がわかりません。用例は必ず参照する習慣を付けましょう。

パソコンで利用する

最新の携帯型電子辞書には、パソコンと接続して利用できるものがあります。また、CD-ROM辞書が手に入った場合もパソコンから利用できます。その際には、フリーウェア、シェアウェアでより便利に使うこともできますので、インターネットで情報を集めて研究しましょう。Appendix 16 を参照してください。

課 題
1. オンライン辞書・携帯型電子辞書・CD-ROM辞書の利点と欠点について話し合ってみましょう。自宅では、外出先では、学校ではどのような辞書が役立ちますか。
2. 実際にこれらの辞書を使って、Webページを読んでみましょう。

Appendix 1　プロセスライティングの基本を確認する

プロセスライティングのステップを、もう一度確認しましょう。

アイディアを列挙する
　→アイディアをいくつかにグルーピングし、構成を考える
　　→主題文とタイトル、Bodyのアウトラインを考える
　　　→論旨を整理してアウトラインを再構成する
　　　　→導入部と結論部を加えて、本文を書き出す
　　　　　→内容と構成を向上させる
　　　　　　→さらに内容を磨いて、仕上げる

パラグラフを書く場合でも、エッセイを書く場合でも、基本的な遵守事項は同様です。以下のチェック事項に照らして、よいパラグラフあるいはエッセイとなっているか検証しましょう。

- ☐ 誰に対して書いていますか、読者を意識していますか。
- ☐ パラグラフに主題文（Topic Sentence）がありますか。
- ☐ 主題文の内容は明瞭ですか。
- ☐ 支持文（Body/Supporting Sentences）は主題文を支持していますか。
- ☐ パラグラフを締めくくるしっかりとした結語（Concluding Sentence）がありますか。
- ☐ パラグラフには統一性（Unity）がありますか。
- ☐ パラグラフには一貫性（Coherence）がありますか。
- ☐ 文の順序（Order）には論理性がありますか。
- ☐ 文法的に正しい文で構成されていますか。
- ☐ よい表題（Title）が付いていますか。

＊エッセイの場合はさらに「パラグラフ」を「エッセイ」と読み替えて検証してください。その場合には、上記の「文の順序」に加えて、エッセイ内の「パラグラフの順序」も重要になります。

Appendix 2　プレイジャリズム（剽窃）の戒め

プレイジャリズムとは何か

　プレイジャリズム（plagiarism, 剽窃）とは、他人の意見や考え、著述などを、許可なく、ことわりなく、そのまま自分の意見のように記述することです。欧米ではプレイジャリズムは早くから問題になっていましたが、近年日本においても、特にインターネットの発達によってプレイジャリズムの問題が、表面化してきました。

　「プレイジャリズムの戒め」とは、すなわち、見解を発表する時には、自分の独自の意見と他人の意見をはっきり区別して公表しなさい、ということです。他人の意見というのは、自分と見解を異にしている意見ばかりでなく、自分の意見を形成する際に用いた他者の意見も含みます。

ライティングとプレイジャリズム

　特にパラグラフライティングやエッセイライティングの際には、プレイジャリズムに気を付けなければなりません。ものを書く場合には、必ず素材が必要となりますが、その素材を集める際に、何が自分のもので、何が他人のものかを区別し、他人のものを集めた際には、その素材の出典を明らかにする必要があります。一般常識的な内容は特に断る必要はありません。概説書や百科事典に共通して記載されているような内容は、「事実」と理解してよいでしょう。しかし、統計資料などを使う場合にはその出所を明記しなければなりませんし、研究書や論文で、誰かが見解を述べたり、解釈を行っているような場合には、それは、その人の意見として、自分の意見とは区別しておく必要があります。

自分の独創性を際だたせるために

　自分自身の見解は独創的なものであると思っていても、実際には、これまでに参照したり、読んだりした書物や資料によってその見解が形成されていることがあります。このような場合には、自分の独創的な見解の範囲を明らかにしながら、その見解を形成した可能性のある他者の見解を丹念に分析して、自分の意見の範囲と他者の意見の範囲を区別する必要があります。他者の見解の上に自分の見解が成り立っていることは、少しも恥じるべきことではありません。これまでの見解を統合して、そこから半歩でも一歩でも前進した見解を生み出すことは、大変貴重なことです。プレイジャリズムを防止する過程は、多くの資料を渉猟して見解を比較し、統合し、自分の意見の範囲を明らかにして、自分の意見の独創性を際だたせる、ポジティブな活動として取り組むのがよいでしょう。

プレイジャリズムを防止するために

　見解の差をはっきりさせるためには、資料集めの段階から、書籍や雑誌などのタイトル、掲載された論文や記事などのタイトル、出版情報、ページ数などをきちんと整理して、その出典を書きとめておく作業が必要です。そしてこれらの資料にもとづく際には、他者の意見の引用は引用符（" "「 」）でくくり、注を施して、ページ数にまで至る詳細な出典を明らかにしなければなりません。また、その意見を「言い換え」て使う場合にも、注によってその典拠を明らかにする必要があります。

インターネットからの引用

　引用は、もとの資料に遡及できるような形で行われなければなりません。近年はインターネットに資料を求めることが多くなりましたが、この場合にも、もとの資料に遡及できるように、出典の明記が必要になります。インターネットの情報は、書籍の形で出版された資料と異なり、継続的に同じURLから供給されるとは限りません。URLが変更になることはよくあります。したがって、インターネット上の資料を引用する際には、必ず、その資料に最後にアクセスした期日を明記しておかねばなりません。コラム（p. 25）の資料を参考にして、また、インターネット上で調べて、どのような形式が用いられているか確認しましょう。

Appendix 3　電子メールのマナー 1 （常識的な心得）

　携帯電話を使っているので、電子メールには慣れていますか。でも、コンピュータを使った電子メールは、チャット感覚で使う携帯メールとは異なったマナーもあります。
1. メールアドレスは正確に入力する。
2. 必ずタイトルを付け、本文は相手の名前を明記した挨拶で始める。

3. 用件文は簡潔明瞭に、句読点は正しく付け、段落間に空行を置く。
4. 結語の挨拶、発信人の氏名を含めた署名で終わる。
5. 和文の場合、一行は全角30文字から35文字（英文はその倍）にとどめ、改行を入れる。
6. 長文を避け、用件が多い時は、用件ごとにメールを送る。
7. 半角カナや携帯電話のアイコンなどの特殊文字も使えない。
8. はじめての時、新機能を使う時には、自分宛のテストメールで練習する。
9. 大きなファイルは添付で送らない。
10. 見知らぬ相手からのメールは慎重に扱う。

Appendix 4　電子メールのマナー 2（表現について）

電子メールはその簡便さゆえに、感情の高ぶりを直接表現してしまったり、言葉の微妙な使い方の差で誤解を招くこともあります。大切なメールは一度書いて推敲し、一晩寝て翌日読み返し、もう一度推敲してから送るほどの慎重さが必要です。

感情に駆られないように
感情的なメールを出すことは慎みましょう。

メールは個人宛
メールは個人宛のものです。人のアカウントを借りたり、また、他人宛てのメールを読むことはやめましょう。

内容に気を付ける
他人の誹謗中傷はもちろんですが、電子メールを介して自分のアカウントのパスワードを伝えたり、クレジットカードのナンバーを伝えたりすることは厳禁です。システムの管理者や責任者は、メールを使って個人情報を問い合わせてくることは絶対にありません。万一受け取った時は偽のメールですから、返事をせずに破棄してください。

著作権やライセンスに留意する
新聞・雑誌記事、書物の一節や人気歌手の歌詞などを、メーリングリストやニュースグループ宛のメールに引用することも、著作権法違反になる場合があります。

性別や性差を表す表現を避ける
日本語の場合もそうですが、英語で書く場合には特に、性別や性差を明らかにする表現を避けなければなりません。以前は男性のみを表していた言葉（fireman, chairman, mankind）には、現在では性差のニュアンスのない言葉（firefighter, chair or chairperson, humankind）を用いるのが慣わしです。これをpolitically correct（PC）expressionsと言います。bias-free Englishという言葉もあります。これらの言葉を使いこなすことは国際人としての常識です。さらに調べてみましょう。

男性名詞の用法に関して
上記と関連して、英語の場合には男性代名詞の多用に気を付ける必要があります。

職業や役職名について
また、職業名や役職名も性別が明らかにわかるような表現は避けます。

文化的背景を考慮して
国際的な電子メールのやりとりでは、文化的・宗教的な背景を考慮する必要があります。日本ではキリスト教信者でなくてもチャペルで結婚式をあげたり、クリスマスを祝いますが、宗教的な儀式を厳格に守る国はたくさんあります。年末の挨拶も、相手の宗教に応じ

て、Merry Christmas, New Year's Greetings, Season's Greetingsなどを使い分けたいものです。

大文字・小文字
大文字だけで文書を書いてはいけません。大声で叫んでいるような印象を与えます。また、小文字だけで書いたメールも読みにくいものです。

電子メールは定期的に、頻繁にチェックする
電子メールの出し手は、届くのが早いだけに、早いレスポンスを期待しています。返事に時間がかかる時には、連絡を受け取ったことと返事の予定だけでも、まず返信しておくのがよいでしょう。

従来メディアの活用と併用する
電子メールは万能ではありません。電話や直接会った方がお互いの声や抑揚、表情などではるかに多くを伝え、知ることができます。また文字にすることで、書いた内容が事実として固定してしまう場合も考えられます。微妙な内容をうまく表現できない時は、連絡手段を変えることを考えましょう。電子メールが一般化した現代では、はがきや手紙がかえって新鮮です。手書きに挿し絵を添えたFAXも心を伝えるのに有効です。

Appendix 5　電子メールのマナー3（被害にあわない、迷惑をかけないために）

電子メールを使っていると、どう対処してよいかわからないメールが届くことがあります。あわてる前に常識を働かせて、メールの差出人は誰か、内容はどのようなものであるかを確認しましょう。判断に迷う場合には大学のコンピュータセンターなどでアドバイスを受けましょう。

チェーンメール
チェーンメールは、一般の郵便での「不幸の手紙」「チェーンレター」のネットワーク版です。このようなメールを受け取った場合には、自分のところでメールを断ち切る勇気を持つことが必要です。有名なチェーンメールには、ありもしない「新種のウィルスソフトウェアの対処法を大急ぎで知り合いに回覧してほしい」などと、一見してそれとはわからないものもあります。そのようなメールを受け取った場合には慎重に対応することが望まれます。常識から考えれば、ウィルスソフトウェアが蔓延するようならば、他のメディアからもそれに関する情報が提供されるはずなので、自分一人が知らせる必要はないと言えます。少し常識を働かせば対処できる場合も多いのです。

スパムメール
近年とみに増加してきているのがスパムメールです。これは、無差別かつ大量に一括して送信される電子メールのことで、ほとんどが何らかのサービスやものを売りつけようとする広告メールです。これらは別名「迷惑メール」「ジャンクメール」とも呼ばれます。ホームページを公開していたり、オンラインショッピングなどをすると、電子メールアドレスが登録されて、大量のスパムメールが送られることがあります。メールの中には「このメールの配信を止めるには、以下のURLにアクセスしてください」等の指示や、商品案内のURL情報が記載されていますが、これらに応答すると、さらに多くのメールが届くことになります。最良の方法は、メールソフトに対して機能する「スパム除去フィルタ」を付けたり、スパムメール対応のメールソフトを購入して、スパムメールのみを特定のフォルダに振り分けることです。フリーウェアでも優れたものが入手できます。

身に覚えのない請求書

　利用したはずのないインターネット上のサービスの請求書が、電子メールとして届くことがあります。「信用調査会社の委託を受けて、有料サイト利用料金の支払遅延者に、未払い使用料金を請求している」などと、威圧的な口調で、「何月何日までに支払わないと訴訟に訴える、支払わない場合にはブラックリストに掲載し、そうなれば、各種融資・クレジット契約など、日常生活における信用情報に今後大きな支障が発生する可能性がある」などと脅し、銀行口座への送金を要求してきます。支払い額は5万円から10万円程度、差出人は個人名ですが、返信してもメールは届かないなどと断ってあります。このようなメールをいきなり受け取れば、びっくりするでしょうが、完全に黙殺してください。不用意に返事を出したりすると、反応があったということで、その後も同様のメールを多数受け取る可能性があります。

同報通信の際に気を付けること

　電子メールの機能の一つとして、複数の相手に同じ内容のメールを一度に送る機能（同報通信）があります。これは大変便利な機能ですが、送る相手すべてのアドレスを「to:」や「cc:」に記載すると、受け取った相手一人ひとりに送り先全員のアドレスがわかってしてしまうことになります。このような事態を避けるためには、複数アドレスは、「bcc:」に記載するのが望ましいです。Lesson 13.7（p. 37）参照。

メーリングリストの誤用

　メーリングリストはグループなどで情報を公開しながら議論を深める際に大変有効なシステムです。しかしながら、メンバーのごく一部だけに関係ある情報のやりとりにメーリングリストを利用するのは適切ではありません。また、メーリングリストの内容について発信者個人宛に返事を書く場合、メールソフトで通常の「返信」を設定すると、自動的にメーリングリスト宛のアドレスが宛先に指定されてしまい、リストメンバー全員に返信が配送されます。個人的な内容のメールがリストのメンバー全員の目に触れることになります。したがって、メーリングリストでの「返信」には特に注意が必要です。いったんメーリングリストに送信されたメールは、取り消すことができないことにも注意しなければなりません。

Appendix 6　メーリングリスト利用上のマナー

　「Yahoo!グループ」などの無料のメーリングリストサービスは、特定の仲間内の情報交換に便利ですので、ゼミなどで利用している方も多いでしょう。メーリングリストは同時に多数のメンバーに発言が届くので、特に発信は慎重に行いましょう。

1. 発言の内容は慎重に書く。
2. 発言はすぐに配信されない。
3. 適当なメーリングリスト（ニュースグループ）を選んで投稿する。
4. 常識を持って投稿する。
5. 個人的な内容は個人宛メールで送る。
6. むやみにメーリングリストに登録しない。
7. 「発言送信用アドレス」と「コマンド送信用アドレス」（リストの参加、退会等の意思表示用）を使い分ける。
8. 登録時に送られてくるメッセージは、印刷して保存し、必要に応じて参照する。

Appendix 7　Webページの画像の保存

　　Webのブラウザで閲覧した画像は、ハードディスクなどに保存することができます。方法は、おのおののブラウザによって異なりますが、ほとんどの場合、取り込みたい画像の上にマウスポインタを置いて、右クリックすれば保存メニューが表示されますので、適当なフォルダに名前を付けて保存します。ただし、画像は必ず作成した人や機関にその著作権が所属しますので、著作権なしと宣言してある画像以外は、その利用に関して十分に注意してください。通常は、他のホームページからとってきた画像を自由に自分のホームページに使って公開することは許されていません。

Appendix 8　Webページの保存

　　Webページ上の文書はHTMLファイルとして画像などとともに、あるいはテキストファイルとして保存することができます。Lesson 9 でも紹介しましたが、ページを保存する方法にはいくつかの方法があります。Internet Explorerを例にとって解説します。

Webページ、完全
　　これを選択すると、ページは画像を含めて、ほぼそのままの形で保存されます。保存場所に新たにフォルダが作成され、その中に画像ファイルが保存されます。ページと画像はパスで結ばれていますので（コラム（p. 31）参照）、保存したページをフロッピーディスクなどにコピーする時には、そのフォルダも一緒にコピーしなければ画像は表示されません。

Webアーカイブ、単一のファイル
　　これを選択すると、Webページは、文字情報と画像を含めて、1つの暗号化されたファイルに保存されます。ファイルが一つだけですので、ページをメールに添付して送りたい場合には大変便利です。

Webページ、HTMLのみ
　　これを選択すると、ページの文字情報とレイアウト情報が保存されますが、画像は保存されません。画像部分は空白になります。画像情報が重要ではない時には、この方法で保存するのがよいでしょう。

テキストファイル
　　これを選択すると、ページの文字情報だけが保存されます。レイアウトなどは一切保存されませんので、文字情報を利用したい場合、例えば、時事記事を集めてコーパスを作成したい場合などに便利です。

ページをテキスト化してくれるソフトウェア
　　HTMLファイルとして保存した場合には、ソフトウェアで処理してテキストファイルを取り出すことができます。インターネット上から、フリーウェア、シェアウェアとして、「html2txt」などの、HTMLファイルをテキストファイルに変換するコンバータが入手できます。以下のURLから調べてみてください。http://www.vector.co.jpあるいはhttp://www.forest.impress.co.jp

ソフトウェア「紙」について
　　インターネット上から情報を引用する際には、その情報の所在URLと、アクセスした日付を記録することが必要です。URLの入力は1文字間違えてもアクセスすることができま

せん。URLが特に長い場合には、これを手書きで記録することは現実的ではありません。何らかの保存機能を使いたいところですが、Webブラウザに備わっている機能では、Webページのそのものは保存できますが、URLや日付の確認がうまくできません。このような時には、Webページをそのまま URL、アクセス日時の情報とともに保存できる、「紙」(http://www.ki.rim.or.jp/~kami/) などのソフトウェアを利用するのがよいでしょう。「紙」には無料で使えるフリーウェア版とシェアウェア版とがあります。

Appendix 9　Webブラウザの文字化け対策

　ドイツ語やフランス語の特殊文字（ウムラウト、アクサンなど）や、ハングル、中国語、ロシア語などを使用しているホームページは、通常の設定のままでは妙な文字になってしまって閲覧できないことがあります。これを「文字化けする」と言います。これは、HTML文書を表示しようとするブラウザの扱える文字コードと、HTML文書に記述されている文字コードに「ずれ」があるためです。異なった言語の文書を次々に切り替えて閲覧する時に起こりがちです。この時には、Webブラウザの文字コードを、記述されている言語に合わせると解決します。Internet Explorerの場合には「表示」から「エンコード (Encoding)」、Netscapeの場合には、「表示」から「文字コード (Character Coding)」を選択します。

　ただし、コンピュータに当該言語を表示するフォントセット（表示用文字データ）がインストールされていない場合には、文字コードを変更しても文書を表示することはできません。現在のブラウザではコンピュータにフォントがインストールされていないページを表示しなければならない時には、自動的に当該言語の表示フォントをインストールする準備を行います。「言語パックのインストール」のダイアログボックス（「OK」で応答する必要のあるポップアップ窓）が表示されますので、指示に従ってください。

Appendix 10　Webブラウザ利用時におけるセキュリティ

　Webブラウザでデータを送受信する際には、「セキュリティ情報」が表示されることがあります。これは、送信する情報が第三者に監視されるおそれがあることを警告したものです。通常はそのまま実行して問題ありません。

　オンライン・バンキングやオンライン・ショッピングなどでは、ブラウザ上でパスワードやクレジットカード番号などを送信しなければなりません。現在のブラウザは、セキュリティに関しては、サーバと連携した暗号送受信システムを持っており、この暗号システムを利用して送受信する限り、情報の漏洩はまずありません。

　安全システムに入る方法は、それを必要とするホームページに明示してあります。NetscapeやInternet Explorerでは、安全対策の施されているホームページに入った時、次のような施錠された錠前マークが表示されます。

Internet Explorer 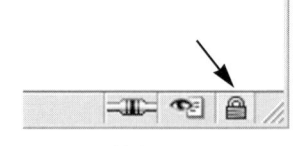　　　　　　Netscape

Appendix 11 「お気に入り」や「ブックマーク」の利用法

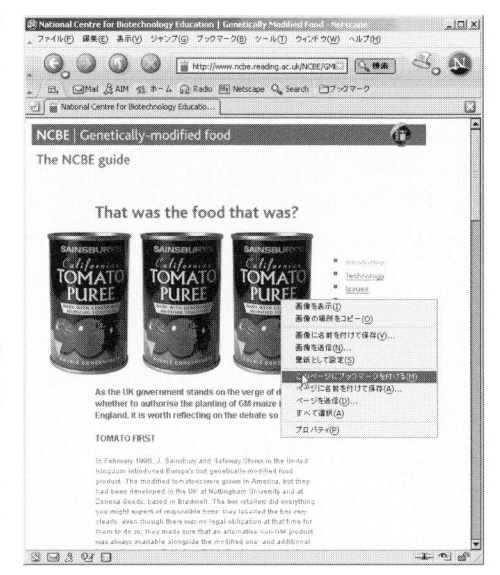

　Webブラウザで重要なページが見つかった場合には、そのページに再び戻ってこれるようにそのページのURLを記録するのがよいでしょう。Internet Explorerには「お気に入り（Favorites）」、Netscapeには、「ブックマーク（Bookmark）」としてその機能が備わっています。

「お気に入り」「ブックマーク」への追加

　URLを保存したいページにマウスポインタを置いて、マウスを「右クリック」します。表示されたメニューの中から、「お気に入りに追加」（Internet Explorerの場合）、「このページにブックマークを付ける」（Netscapeの場合）を選択します。画面上の変化はありませんが、このページの所在情報が、それぞれ「お気に入り」と「ブックマーク」に保存されました。これはまた、[CTRL]+Dのショートカットキーでも代用できます。

エクスポート、インポート

　「お気に入り」と「ブックマーク」は、いずれもHTMLファイルとして出力することが可能です。出力ファイルを他のコンピュータのブラウザで呼び出せば、複数のコンピュータでこれらのファイルを共有することができますし、Internet ExplorerとNetscapeの間で共有することもできます。また、大学でブラウザを使った際に記録したURL情報を自宅のコンピュータで使うこともできますし、その逆もまた可能です。

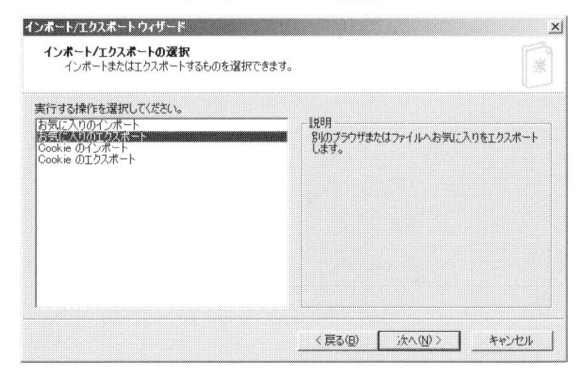

　そのためには「お気に入り」と「ブックマーク」をエクスポート（ファイルに出力する）、インポート（ファイルを読み込む）する必要があります。

Internet Explorerの場合
1. 「ファイル」メニューの「インポートおよびエクスポート」を選択します。
2. 「インポート/エクスポートウィザード」の指示に従います。

Netscapeの場合
1. 「ブックマーク」メニューから「ブックマークの管理」を選択します。
2. 「ブックマーク」ウィンドウの「ツール」メニューから「エクスポート」あるいは「インポート」を選択し、指示に従います。

Appendix 12 コンピュータウィルスとコンピュータの安全対策について

　ADSLや光ケーブルなどの高速回線でインターネットに接続することが一般的になった現

在では、電子メールに添付されてウィルスが侵入しやすくなっただけでなく、常時接続したコンピュータに外部から侵入され、データを改ざんされたり、他のコンピュータへの攻撃ソフトウェアを仕掛けられることもあります。被害に遭わないようにまた、他の人に迷惑をかけないように、予防策を講じておきましょう。

ウィルスとは

コンピュータ上で動作するプログラムです。コンピュータに対して何らかの害を与えるものが多いため、問題になっています。

予防策は

自宅のパソコンにはウィルス検知駆除ソフトウェアをインストールしておき、定期的にウィルス情報が更新されることを確認しましょう。更新は通常インターネット経由で自動的に行なわれ、更新される度に通知されます。公共のコンピュータで使ったディスクなど外部記憶メディアは必ずウィルス感染を疑う習慣を付けましょう。また、心当たりのない差出人から届いた電子メール、特に添付ファイルは開かずに削除しましょう。定期的に（週1回程度）コンピュータの全ディスクのウィルスチェックを行っておくと、安心です。

感染した時には

ウィルス検知・駆除ソフトで感染を見つけた時には、ソフトウェアの指示に従って、感染を除去します。コンピュータのことがよくわからない場合は、よく知った人に相談するか、大学のコンピュータセンターなどに相談してください。自分で下手に対処すると、取り返しのつかないことになる可能性があります。

ファイル共有ソフトウェアに関して

最近、「Gnutellaクライアント」と呼ばれるファイル共有ソフトウェアを使っているコンピュータからの情報漏洩が話題になっています。多くは職場で扱うデータを家に持って帰り、ハードディスクにコピーして作業した後、放置している間にこれらのソフトウェアが勝手に重要なファイルを他のコンピュータに転送してしまったという事件です。

ファイル共有ソフトウェアは、ネットワークで接続されている個人のコンピュータ同士の間で音楽や画像ファイルを検索・転送するソフトウェアです。これらのソフトウェアで音楽データなどを交換することは著作権に抵触しますが、そればかりでなく、これらのソフトウェアを介して、重要な個人情報などが漏洩する可能性があります。プライベートな文書、機密文書ばかりでなく、パスワード、クレジットカードデータ、メールソフトウェアのアドレス帳などが外部からねらわれる可能性もあります。

これを防止するにはまず、そのようなファイル共有ソフトウェアの使用をやめ、さらにパーソナルファイヤーウォールなど、外部からの侵入からコンピュータを守るソフトウェアをインストールする必要があります。最近はそのようなソフトウェアも高性能で安価になってきましたので、ぜひ導入しておきたいものです。

コンピュータとネットワークは安全に正しく使いましょう。

Appendix 13　Webページ上のデータの表計算ソフトへの取り込み

表計算ソフトの得意とするところは、数値データの処理とグラフによる可視化です。データはグラフに加工することで格段に説得力を持ちます。アンケート調査などでオリジナルの数値データを入手することもできますが、インターネット上の統計データを読み込むこともできます。Webブラウザで閲覧したページで表組みされている数値データは、簡単

にExcelに取り込んで、グラフ化することができます。方法を以下に紹介します。

1. ニュージーランドの飲酒運転防止キャンペーンページ "Drinking and Driving" http://www.ltsa.govt.nz/research/drink.htmlページにアクセスすると、"Crashes where drink driving was a contributing factor" の表が表示されます。

2. まず、マウスで表をなぞり、取り込みたい表の部分をハイライトします。[Ctrl]+Cでその部分をコピーします。

3. Excelを起動し、新しいシートにその表をペーストします。セルに数字が入ります。見やすいように加工したものが右の表です。

4. これをグラフに加工してみましょう。Excelのグラフ作成の機能を利用して、まず、事故の実数を比較してみましょう。Number of fatal crashesとNumber of injury crashesのデータを利用してグラフを作成します。これによれば、fatal crashesの実数は1980年代後半をピークに漸減していますが、injury crashesの数は年によってかなりの増減があることがわかります。また、下降に転じた件数は、2000年を境にやや上昇しましたが、2003年には減少していることがわかります。

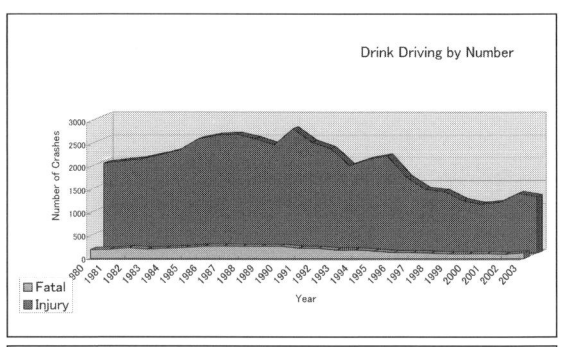

5. 次に、事故のパーセンテージを比較してみましょう。% of total fatal crashesと、% of fatal injury crashesのデータを利用して、グラフを作成します。これによれば、飲酒運転事故のうち、死亡に至らない事故の割合は漸減していますが、死亡事故の割合は2000年を底に上昇に転じ、特に2000年と2003年の増加が著しいことがわかります。

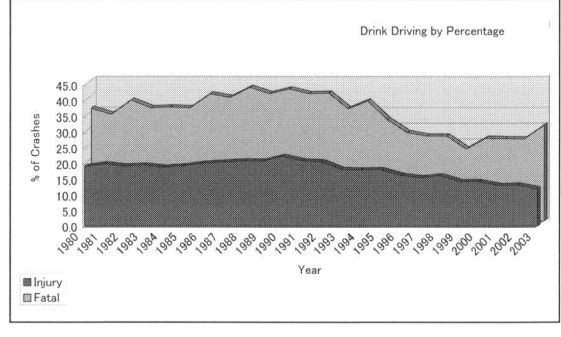

このように、数値を並べただけでは理解しがたい動向も、グラフに置き換えることで、把握しやすくなることがよくわかります。

Appendix 14　オンライン・ソフトウェアを使おう

オンライン・ソフトウェアとは何か

オンラインソフトウェアとは、インターネットを介して入手できるソフトウェアです。個人が作成して配布しているものと、ソフトハウスが作成しているものとがあり、その種類には大きく分けて、無料で利用できるもの（フリーウェア）と、有料で利用するもの

（シェアウェア）があります。後者の中には、パッケージソフトとして市販されているものを、オンラインで配布し、一定の期間だけ「評価版」として利用でき、その後気に入れば料金を支払って、「登録キー」を受け取り、「正式版」として利用できるものもあります。フリーウェアの多くは、特定の機能に特化したものが多く、シェアウェアの中には、市販のパッケージソフトをしのぐものも数多くあります。

誰もが利用しているオンライン・ソフトウェア

　コンピュータユーザならば誰でもすでに気づかないうちにオンライン・ソフトウェアを利用しています。というのは、Windowsのプログラムの不具合を修正する"Windows Update"機能や、ウィルス駆除ソフトウェアの「定義ファイルの更新」はインターネット上のサイトからプログラムやデータを取得して、手元のコンピュータにインストールして利用する、オンライン・ソフトウェアと同じ使い方をしているからです。しかしながら、ここでは、コンピュータの環境をより快適にするために、ユーザーが自ら入手して利用するソフトウェアを取り扱います。

なぜオンライン・ソフトウェアか

　オンライン・ソフトウェアは、大手のソフトハウスから販売されては有名なソフトウェアには不足している「小回りのきく」便利さを提供してくれています。大手のソフトウェアは、ワードプロセッサにしろ、画像処理ソフトウェアにしろ、多機能です。多機能すぎて操作が複雑になり、また、ソフトウェアのサイズも肥大化しています。一方で、オンライン・ソフトウェアの多くは、限られた機能を果たすためのものが多いですが、その機能については非常に洗練されています。小さなプログラムですから瞬時に起動し、しかも少し古いコンピュータでも十分に利用できるものが多くあります。

メリットとデメリット

　オンライン・ソフトウェアの利点は誰でもすぐに利用できること、機能が優れていること、そして無料であるか、価格が機能に比較すると安価なことです。一方で、初心者が不便に感じるのは、どのソフトウェアを選んだらよいかわからないこと、入手から利用までには少し手間がかかること、そして、使いこなすまでのサポートが、マニュアルや手引き書の形では十分に提供されないことです。しかしながら、これらは少し努力することで十分に補うことができます。

ネットから入手し、ネットに聞け

　オンライン・ソフトウェアは、「窓の杜」（http://www.forest.impress.co.jp/）や「Vector」（http://www.vector.co.jp/）などのソフトウェア提供サイトからダウンロードできます。「窓の杜」には、厳選されたソフトウェアが種類別に解説付きで整理されていますので使いやすいサイトです。ぜひ一度訪れてください。Appendix 15 で基本的なオンライン・ソフトウェアの入手とインストール方法を解説しました。オンライン・ソフトウェアの中で人気のあるものには、数千から数万のユーザがあり、インターネット上に利用法のマニュアルが完備していたり、利用上の疑問に答える「質問箱」なども整備されています。初心者ユーザの質問には、ネットワークの中で必ずどこかで誰かが答えているはずです。サーチ・エンジンなどを駆使して「わからないことはネットワークに聞け」というのが、オンライン・ソフトウェア利用の知恵です。

Appendix 15　オンライン・ソフトウェアのダウンロードとインストール

　これまでに紹介したMIKATYPE（Lesson 2）、FFFTP（Lesson 11）、Al-MailとBecky!（Lesson 12）などはいずれもオンライン・ソフトウェアです。

ここでは、オンライン・ソフトウェアの利用法を、MIKATYPEを例にとって解説します。代表的なオンライン・ソフトウェアの種類と入手先については、Appendix 16 を参照してください。

オンライン・ソフトウェアは転送の際にネットワークに大きな負荷をかけないように、圧縮された（サイズを小さくした）状態で配布されています。これを自分のコンピュータ上で使うには、圧縮ファイルをもとの大きさに「解凍（展開）」するソフトウェアが必要です。手順は以下の通りです。

1. 圧縮ファイルを解凍するためのソフトウェア（Lhasa）をダウンロードします。
2. MIKATYPEの圧縮ファイル（mikatype.lzh）をダウンロードします。
3. Lhasaをインストールします。
4. Lhasaを使ってmikatype.lzhを展開します。
5. 展開したMIKATYPEのファイルをインストールします。

ステップ 1. ソフトウェアのダウンロード（上記手順の1. と2. ）

オンライン・ソフトウェアを利用するには、最初にソフトウェアを配布しているホームページにアクセスし、ソフトウェアのインストールプログラムをダウンロードしなければなりません。

1. ソフトウェアを配布しているホームページにアクセスします。代表的なものは、「窓の杜」http://www.forest.impress.co.jp、「Vector」http://www.vector.co.jpなどです。下は「窓の杜」から解凍ソフトウェアLhasaをダウンロードする例を示します。

　　　　　　　　　　　　　ここをクリック

2. ソフトウェア一覧のページに入ります。冒頭の「解凍」グループに「解凍専用」のソフトウェアへのリンクがあるので（右下図）、これをクリックすると、解凍専用のソフトウェアが一覧になりますので、Lhasaの右矢印をクリックして（下図）説明を読みます（次ページ）。

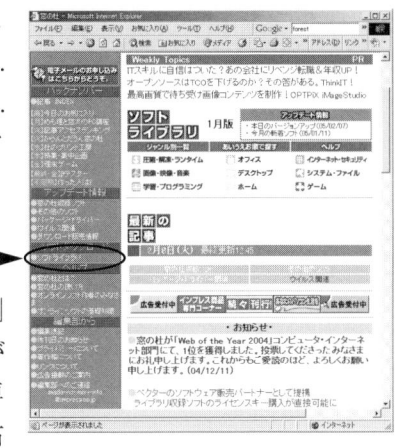

4. 解説をよく読んで、このソフトウェアの機能と、利用方法を理解します（右図）。「ダウンロード」の矢印をクリックすると、ダウンロード開始のダイアログボックスが開くので、「保存」をクリックします（下図）。

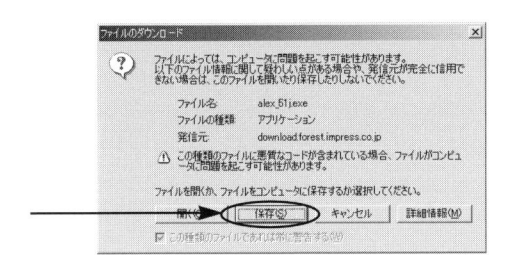

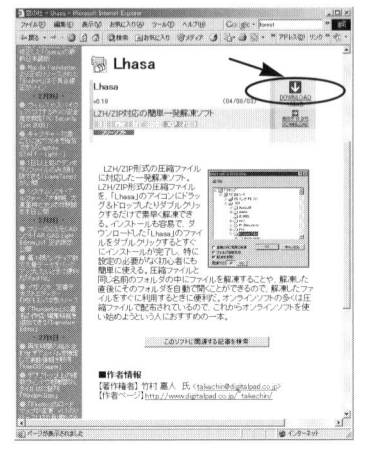

5. ダウンロードするファイルの保存場所を指定するように促されるので、デスクトップを指定します（下図）。「保存」をクリックするとファイルがダウンロードされます（下右図）。同様にして、http://www.asahi-net.or.jp/~BG8J-IMMR/ からmikatype.lzhをダウンロードします。

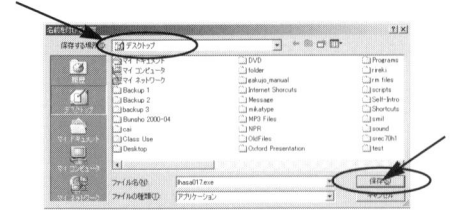

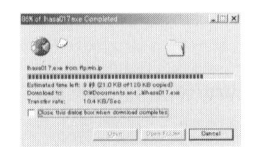

ステップ 2. Lhasaのインストール（手順の3.）

1. Lhasaのアイコンをダブルクリックします。「インストール開始」をクリックして、インストールを始めます（下左図）。「OK」をクリックしてインストールを終了します（下中図）。Lhasaが起動して設定画面が開きますので、確認して窓を閉じます（下右図）。デスクトップにLhasaのアイコンが作成されます。

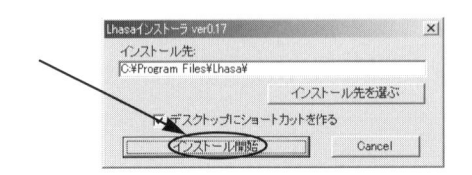

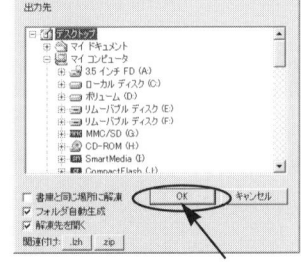

ステップ 3. MIKATYPEのインストール（手順の4. と5.）

1. LhasaのアイコンにMIKATYPEの圧縮ファイルを重ねると、ファイルが解凍されデスクトップにmikatypeのフォルダが作成されます。この中の「MIKAタイプ」アイコンのMIKATYPE.EXEファイルがプログラムの本体です。ダブルクリックすると起動します。

2. このフォルダごとフロッピーディスクなどにコピーすれば、どのWindowsコンピュータでも利用できます。

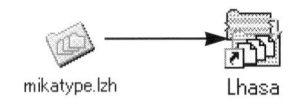

Appendix 16　英語学習に役立つオンラインソフトウェア

以下に、英語学習のためのコンピュータの利用に役立つオンラインソフトウェアを紹介します。（F）はフリーウェア、（S）はシェアウェアです。

タイピング練習
　　MIKATYPE（F）　　http://www.asahi-net.or.jp/~BG8J-IMMR/
　　　　フリーウェアのタイピングソフト。シンプルだが機能に不足はない。
　　JACET8000タイピング練習（F）　　http://szksrv.isc.chubu.ac.jp/java/jacet/
　　　　大学英語協会（JACET）基本単語リストにもとづいたタイピング練習ソフトウェア。

コンピュータ上で辞書を引く
　　DDWin（F）　　http://homepage2.nifty.com/ddwin/
　　　　EPWING規格に対応したCD-ROM辞書引きソフト。HDDにコピーした辞書も引ける。
　　PDIC & DokoPop（S, F）　　http://homepage3.nifty.com/TaN/
　　　　『英辞郎』が引けるPDICと、ポップアップ窓からの利用を可能にするDokoPop。

Eメールソフト
　　AL-Mail（Academic F, S）　　http://www.almail.com/
　　　　シンプルだが高機能なメールソフト。多くの大学で採用されている。

Webページをファイルする
　　紙（かみ）（F, S）　　http://www.ki.rim.or.jp/~kami/
　　　　ウェブページを瞬時にファイル化する。URLや参照年月日も画面上に記録される。

コーパスを分析する
　　AntConc（F）　　http://www.antlab.sci.waseda.ac.jp/
　　　　無料で高機能のコンコーダンサ。
　　KWIC Concordance（F）　　http://www.chs.nihon-u.ac.jp/eng_dpt/tukamoto/kwic.html
　　　　シンプルで使いやすいコンコーダンサ。

画像ビューワ
　　IrfanView32（F）　　http://www.irfanview.com/
　　　　高速高機能の静止画ビューワ、画像処理ソフトウェアとしても秀逸。

ペイントソフト
　　Pixia（F）　　http://www.tacmi.co.jp/pixia/
　　　　フルカラー画像専用のグラフィックツール。Photoshopを代替する。

エディタ
　　さくらエディタ（F）　　http://sakura-editor.sourceforge.net/
　　　　フリーウェアのエディタ。WindowsのNotepadよりもはるかに高機能。

ファイルを転送する
　　FFFTP（F）　　http://www2.biglobe.ne.jp/~sota/
　　　　高機能FTPクライアント。ホストのファイル属性の変更も可能。

動画を再生する
　　Real Player（F, S）　　http://www.real.com/
　　　　DVDからMPEG1、ストリーミングまで、動画・音声再生ソフトウェア。
　　Windows Media Player（F）　　http://windowsmedia.com/download/download.asp
　　　　同上の機能を持つソフトウェア。Windows OSに標準装備されている。

Appendix 17　世界と日本の時事記事提供サイト

　インターネット上には多くの新聞社雑誌社がそれぞれのホームページを利用してニュースを配信しています。それぞれのサイトではその日起こったニュースを、定時に更新する形で配信しています。現在ではラジオやテレビのニュース時間を待たなくとも、随時これらのサイトにアクセスして、最新のニュースを知ることができるようになりました。

　過去の記事については、アーカイブ化した記事を検索できるシステムが整っている場合には、過去の記事をキーワードで検索して閲覧することができます。各サイトの内容やサービスは、頻繁に変更されますので、実際にアクセスして調べてください。

　さらに徹底して過去の記事を参照したい場合には、有料の新聞雑誌データベースを利用することになります。これらのデータベースは、各新聞雑誌社が独自に提供していることもあれば、データベースサービス会社を通じて提供している場合があります。日本で最大手のデータベース供給元としては、「日経テレコン」があります。世界最大のデータベースディストリビュータはLexisNexisです。これらは図書館から利用しましょう。

国際ニュース
- *LexisNexis Academic* 　https://web.lexis-nexis.com/universe
  世界最大のフルテキストデータベース、新聞雑誌ニュースの記事が豊富

イギリス、アメリカ合衆国
- *Newsweek* 　http://www.newsweek.com
- *TIME* 　http://www.time.com/time
- *U.S. News and World Report* 　http://www.usnews.com
- *The Economist* 　http://www.economist.com
- *Science Magazine* 　http://www.sciencemag.org
- *Scientific American* 　http://www.sciam.com
- *Nature* 　http://www.nature.com
- *Discovery* 　http://www.discovery.com
- *The Nando Times* 　http://www.nando.net
- *The Washington Post* 　http://www.washingtonpost.com
- *The New York Times* 　http://www.nytimes.com
- *The Independent* 　http://www.independent.co.uk
- *The Times Online* 　http://www.timesonline.co.uk

アジア
- *The Straits Times* 　http://straitstimes.asia1.com.sg
- *People's Daily*（人民日報）　http://english.people.com.cn
- *The Dong-a Ilbo*（東亜日報）　http://english.donga.com
- *The Chosun Ilbo*（朝鮮日報）　http://english.chosun.com

オセアニア
- *The Sidney Morning Herald* 　http://www.smh.com.au
- *New Zealand Herald* 　http://www.nzherald.co.nz

中近東
- *Al-Jazeera* 　http://english.aljazeera.net

Jerusalem Post	http://www.jpost.com

日本発
新聞社

The Japan Times On-Line	http://www.japantimes.co.jp/
Mainichi Daily News（毎日）	http://mdn.mainichi.co.jp/
asahi.com（朝日）	http://www.asahi.com/english/english.html
Daily Yomiuri On-Line（読売）	http://www.yomiuri.co.jp/index-e.htm
週間ST	http://www.japantimes.co.jp/shukan-st/start.htm

Appendix 18　図書館の利用（チェックリスト）

　インターネットで調べ物がしやすくなっても、図書館の重要性は依然と変わりません。図書館では司書が文献収集や情報検索の相談に乗ってくれます。司書のアドバイスを受けながらレファレンスや研究書、雑誌などの現物に触れることは、とても大切なことです。また、自宅からは利用できない様々なデータベースが利用できるのも、図書館ならではのメリットです。以下のチェックボックスを利用して、各自の図書館の利用度を調べましょう。

- ☐ レファレンスのコーナーで辞書などを調べる。
- ☐ レファレンスのコーナーで統計年鑑などを調べる。
- ☐ 雑誌コーナーで外国語の雑誌（カレント）を調べる。
- ☐ 雑誌コーナーで外国語の雑誌（バックナンバー）を調べる。
- ☐ 特定の資料の在処を探索し、参照する。
- ☐ 他の図書館から資料を取り寄せる。
- ☐ 書籍を探して借り出す。
- ☐ 新聞（カレント）を閲覧。
- ☐ 新聞（バックナンバー）を閲覧する。
- ☐ マルチメディアライブラリ（ビデオコレクション）を利用する。
- ☐ マルチメディアライブラリ（オーディオコレクション）を利用する。
- ☐ マルチメディアライブラリ（CD-ROMデータベース）を利用する。
- ☐ マルチメディアライブラリ（BS，CS）を利用する。
- ☐ クローズドキャプションの表示を利用して視聴する。
- ☐ オンラインデータベースを利用する。
- ☐ CD-ROMデータベースを利用する。
- ☐ リザーブ図書を利用する。
- ☐ 閉架書架の図書を閲覧する。

Appendix 19　文献検索結果の保存

　通常、図書目録を検索した場合、検索結果をその場でメモして書架に行き、文献現物を閲覧しますが、この検索結果をデータベースとして保存しておくと、後日様々な形で利用ができて便利です。現在の文献検索システムには、「ダウンロード」や「メール送信」などのメニューが用意されて、検索結果の保存を促してくれるものもあります。自分の検索し

た結果を保存しておけば、何を検索したか、文献はどこにあるかという検索履歴を残すことができ、また、そのデータをワープロソフトウェアや表計算ソフト、あるいはデータベースソフトで加工して参照することで、再検索の手間が省けると共に、テーマごとに整理したり、論文作成のための参考文献リストを手間をかけずに作ることもできます。

文献検索結果のパソコンへの取り込み方法

検索結果の保存方法はいろいろあります。各自にもっともなじみやすく、継続できる方法を利用しましょう。

1. 電子メールにコピーして自分宛に送る。
2. ワープロ文書やエディタにコピー・ペーストして保存する。
3. ブラウザの検索結果をWebページとしてそのまま保存する。
4. 文献検索システムの「ダウンロード」機能で、保存する。
5. 文献検索システムの「メールで送信」機能で、電子メールとして保存する。
6. 書誌データベース（EndNote や Get-a-Ref など）によって直接ダウンロードする。

Appendix 20　フロッピーディスク以外の外部記憶媒体について

USBメモリの使い方

最近では、より大容量で簡単に使えるUSBメモリが普及してきました。これは、コンピュータのUSBポート（USBコネクタ）に差し込んで利用する半導体メモリです。読み込みや書き込みも高速ですし、ホコリにも強く、スティック型の形状もスマートで、持ち運びにも場所をとりません。また、Windowsばかりでなく、Macintoshなど他のOSでも読み書きできるため、今後もますます普及するでしょう。USBメモリは、Windows XPなどの最新のOSでは問題なく読み書きできますが、Windows98などの少し以前のOSでは、デバイスドライバなどのインストールが必要となります。利用する際には説明書をよく読んで指示に従いましょう。

USBメモリは、コネクタに装着すると、追加ドライブとして認識されます。「マイ コンピュータ」を開くと、それまでのドライブに加えて、もう一つドライブが増えているのがわかるでしょう。

CD-Rの使い方

デジタルカメラで撮影した大きな画像ファイルを大量かつより安全に保存するには、CD-Rを使うのが一般的です。これを利用するには、CDドライブが書き込みに対応し（CD-RWドライブ）、コンピュータにCD-Rへの書き込みソフトウェアがインストールされていなければなりません。近年発売されるコンピュータはほとんどがCD-RWドライブを内蔵し、書き込みソフトウェアがインストールされていますので問題はないでしょう。

書き込むには、未記録のCD-Rをドライブに入れ、書き込みソフトウェアを起動して、書き込みたいファイルを指定して、書き込みを行います。CD-Rには、最高約700MBのデータを書き込むことができます。ドライブがDVD-Rに対応していれば、最高で4.7GBまでのデータを記録することができます。

外付けハードディスクの使い方

外部のリソースとして外付けのハードディスクを用いることもできます。多くはUSBコネクタに接続して利用するもので、容量は80GBから500GBを超えるものまであります。ハードディスクは大容量で非常に高速に読み書きできるので、動画処理などの目的に利用しますが、また、コンピュータ内蔵ハードディスクのバックアップディスクとして理想的で

す。ハードディスクを購入する際に付属するソフトウェアによって、ディスクを丸ごとバックアップしたり、定期的にバックアップしたりすることもできますので、説明書をよく読んでみましょう。

その他

最近流行している、ハードディスクやフラッシュメモリ内蔵の音楽プレイヤーの多くのモデルは、外部記憶媒体としても利用することができます。

また、携帯電話のメモリカードやデジタルカメラのメモリカードも、それらのカードを読み書きできる機器がコンピュータに付いていれば、外部記憶媒体として利用できる場合があります。そのような場合、様々な機器のメモリカードの規格が同一であると大変便利に使えます。

Appendix 21　英語学習のためのインターネットリソース

以下に英語学習に役立つインターネットリソースを解説とともに紹介します。これらの中には、使い方の比較的わかりやすいものから、ESLの学習サイトのように段階的で総合的な学習を可能とするもの、また、雑誌新聞社のサイトのように、主として学習の素材を提供するものまで様々なサイトがあります。「★」が初級者向け、「★★」は中級者、「★★★」は上級者としましたが、これについては、そのサイトの内容が多岐にわたる場合もありますので、大まかな「めやす」として理解してください。

Appendix 21-1　タイピング

JACET（大学英語教育学会）タイピング練習★★★
　　http://szksrv.isc.chubu.ac.jp/java/jacet/index2.html
　　JACET基本語リストにもとづく英語表現学習＋タイピング練習

Appendix 21-2　発音の基礎とリスニング（初級向け）

発音の基礎

Phonetics Flash Animation Project ★
　　http://www.uiowa.edu/~acadtech/phonetics/
　　動画とビデオで、英語の基礎的な発音を解説してくれる
Learning English - Pronunciation tips ★
　　http://www.bbc.co.uk/worldservice/learningenglish/multimedia/pron/index.shtml
　　イギリス英語の発音聞き取り練習

やさしいリスニング

VOA（Voice of America）★
　　http://www.voanews.com/specialenglish/
　　米国発の国際放送、やさしい英語で様々な話題を提供
About.com: Beginner Level Learning ─ Listening Comprehension ★
　　http://esl.about.com/library/courses/blcourses_beginner_listening.htm
　　初級者向けのリスニングドリル、会話が生きている

Appendix 21-3　リスニング（中級・上級者向け）

中級者向け

BBC Learning English ★★
　　http://www.bbc.co.uk/worldservice/learningenglish/index.shtml
　　世界の学習者にイギリス英語プログラムを提供、Words in the Newsを試してみよう

Rendall's Cyber ESL Listening Lab ★★
　　http://www.esl-lab.com/
　　様々な状況でのリスニングとクイズを4段階の難易度で提供、ビジネス向けも多い

BBC World Service ★★
　　http://www.bbc.co.uk/worldservice/learningenglish/
　　英国発の英語学習サイト、細部にまで教育的配慮が行き届いている

中級者・上級者向け

Advanced Level Learning - Listening Comprehension ★★
　　http://esl.about.com/library/courses/blcourses_advanced_listening.htm
　　リスニングドリル

Adult Learning Activities ★★
　　http://www.cdlponline.org/
　　カリフォルニアの成人向け英語教育サイト、自分の能力より少し上の教材を選ぼう

Know Canada ★★
　　http://www.knowcanada.com/
　　カナダ政府の英語学習サイト、英語を学びながらカナダについても学べる

Appendix 21-4　リスニング（上級者・一般向け）

スピーチ

The British Library Sound Archive ★★★
　　http://www.bl.uk/collections/sound-archive/listen.html
　　詩やスピーチなどが聞ける、14歳のエリザベス（後の女王）のクリスマススピーチも

American Rhetoric: Top 100 Speeches ★★★
　　http://www.americanrhetoric.com/newtop100speeches.htm
　　MLK, Jr., JFKなど、歴史を作った人々の有名なスピーチを聞くことができる

PBS Great American Speeches ★★★
　　http://www.pbs.org/greatspeeches/timeline/index.html
　　同上、スクリプトのみのもの、音声ファイル・画像ファイルの付いたものがある

インタビュー

eViews ★★
　　http://www.eviews.net/
　　課題は有料だが、無料トライアル可能

ニュース（世界から）

BBC Home ★★★

http://www.bbc.co.uk/
BBCの正式サイト、ラジオ・テレビ番組へのリンクがある

NPR All things Considered ★★★
http://www.npr.org/programs/atc/
アメリカの準公共放送、ATCは長い歴史と人気を誇る、その他にも質の高い番組が豊富

PBS NewsHour ★★★
http://www.pbs.org/newshour/newshour_index.html
米国の準公共テレビ NewsHour は、NHK BS2 でも放映されている定評ある番組

CBC（Canadian Broadcasting Corporation）★★★
http://www.cbc.ca/
カナダの国営放送、ラジオとテレビの番組が試聴可能、米国とは視点が異なる

ニュース（日本から世界へ）

NHK Radio Japan ★★
http://www.nhk.or.jp/rj/index_j.html
最新のニュースを22カ国語で、オンデマンド配信する

NHK Daily News ★★
http://www.nhk.or.jp/daily/english/
ニュースを選択して発信、音声・映像・スクリプトがそろっている

NHK World ★★
http://www.nhk.or.jp/english/index.html
NHK発の様々な国際放送プログラムのページにアクセスできる

地球環境・ドキュメンタリー

Living on Earth ★★
http://www.loe.org/
NPRが放送する地球環境に関するプログラム、MP3ファイルがダウンロードできる

CNN SF Learning Resources ★★★
http://literacynet.org/cnnsf/home.html
CNN@SFの番組をもとに作成された成人英語教育のためのサイト

映画の音声クリップ

The Daily.WAV ★★
http://www.dailywav.com/
映画の音声トラックを提供、メモラブルな部分を収録してある

www.english-trailers.com ★★
http://www.english-trailers.com/
映画の予告編で英語を学ぶことができる

詩・文学作品

Repeat after Us: Poetry ★★★
http://www.repeatafterus.com/
1000を超えるダウンロード可能な音声ファイルあり、文学作品も多い

Wired for Books ★★★
http://wiredforbooks.org/
Macbeth, Alice in Wonderland, Christmas Carolなどの録音が聞ける

ビジネスイングリッシュ
- Listening to Business English（Advanced）★★★
    - http://eleaston.com/biz/home.html#listen
    - 状況ごとの聞き取りとクイズ、レベルは高い
- Learning English - Business English ★★★
    - http://www.bbc.co.uk/worldservice/learningenglish/business/index.shtml
    - ビジネスの場での英語表現、異文化で働くことの意味など、現場をふまえた内容
- Business English Exercises ★★
    - http://www.better-english.com/exerciselist.html
    - ビジネスの場で使う表現、文法問題など豊富（リスニングは含みません）

ESLリスニング
- English Listening Lounge ★★
    - http://www.englishlistening.com/
    - 第二言語としての英語学習者のためのサイト、無料トライアル、有料メンバー制度あり
- Randall's Cyber ESL Listening Lab ★★
    - http://www.esl-lab.com/
    - 様々な日常的な状況でのリスニングとクイズが豊富

読み物（文学作品、スピーチ：リスニングの補助として）
- Project Gutenberg ★★★
    - http://promo.net/pg/
    - 文学作品や聖書などのテキストを配布、コーパスの素材としても役立つ
- University of Virginia Etext Center ★★★
    - http://etext.lib.virginia.edu/
    - 同上、バージニア州立大学が運営する
- The Oxford Text Archive ★★★
    - http://ota.ahds.ac.uk/
    - 同上、Oxford Univeristy Computing Serviceが運営する

Appendix 21-5　語彙

語彙
- アルク語彙 ★
    - http://www.alc.co.jp/goi/
    - 株式会社アルクの12000語水準の語彙練習帳、テストや語彙リストあり
- ビジネス英会話の表現集 ★★★
    - http://www6.ocn.ne.jp/~mirage/calendar.html
    - 2001年から2002年の『ＮＨＫラジオビジネス英会話』の語彙・表現集
- VOA Special English Basic Vocabulary ★
    - http://www.voa.gov/special/sevocab.html#top
    - VOA Special Englishで使用される語彙リスト

Appendix 21-6　レファレンス

レファレンス（図書館利用）

WWW図書館情報探索TABLE ★★
　　http://www3.toyama-u.ac.jp/lib/wirtable.html
　　富山大学図書館が編纂したインターネット上の図書館関連情報案内サービス

図書・雑誌探索ページ ★★
　　http://www.jissen.ac.jp/library/frame/index.htm
　　実践女子大図書館が提供する文献探索ガイド

学術情報の探索 ★★
　　http://www.ksc.kwansei.ac.jp/campus/library/research/research.htm
　　関西学院大学図書館が提供する文献探索ガイド

レファレンス（百科事典）

Wikipedia ★★
　　http://en.wikipedia.org/
　　オープンソースソフトWikiを利用した百科事典プロジェクト、多言語対応

Encarta On-Line ★★★
　　http://encarta.msn.com/
　　Microsoft Encarta、無料使用の場合は提供資料が限定される

Britannica Online ★★
　　http://www.britannica.com/
　　ブリタニカ百科事典のオンラインサービス、限定的だが概略は把握できる

ネットで百科@Home ★
　　http://ds.hbi.ne.jp/netencyhome/
　　平凡社の『世界大百科事典』を3分間無料で利用できるサービス、日本語

レファレンス（英語辞書）

辞書リンク ★
　　http://internet.watch.impress.co.jp/www/article/2003/0428/jisho.htm
　　株式会社インプレスが編纂した、無料で使える辞書リンク

英辞郎 ★★
　　http://www.alc.co.jp/
　　トップページの上段から項目数100万語を超える『英辞郎』が検索できる

Exceed英和・和英 ★
　　http://dictionary.goo.ne.jp/

Cambridge International Dictionary ★★
　　http://dictionary.cambridge.org/

American Heritage Dictionary ★★
　　http://www.bartleby.com/61/

Merriam Webster Online ★★★
　　http://www.m-w.com/

WordNet 2.0 Search ★★★
　　http://www.cogsci.princeton.edu/cgi-bin/webwn

Appendix 21-7　時事記事

時事記事（海外メディア）　　Appendix 15 参照
時事記事（日本発）　　Appendix 15 参照

Appendix 21-8　趣味・娯楽

映画情報
Internet Movie Database ★★★
http://www.imdb.com
世界最大の映画関連データベース、映画で英語を学ぶなら必見

Oscar.com ★★★
http://oscar.com/
米国アカデミー賞関連の情報提供、授賞式後の記者会見のビデオ配信あり

映画スクリプト
Drew's Script-O-Rama ★★★
http://www.script-o-rama.com/
映画のスクリプト、トランスクリプトのアーカイブ

映画関連サイト
Scripts on the Net ★★★
http://www.rosebud.com.br/scripts.htm

INFlow's Sceenplay Repository ★★★
http://inflow.corky.net/scripts/

The Movie Script Compendium ★★★
http://personal.redestb.es/jmunoz/scripts.htm

漫画、コミック
Comics.com ★★★
http://www.comics.com
コミックストリップ閲覧への総合サイト

Snoopy.com ★★
http://www.snoopy.com/

Dilbert.com ★★★
http://www.dilbert.com/

Appendix 21-9　資格試験等

TOEFL、TOEIC、英検
TOEFL Official Web Site ★★
http://www.toefl.org/
米国Educational Testing Serviceが運営するTOEFL公式サイト

TOEICホームページ ★★
http://www.toeic.or.jp/

http://www.toeic.or.jp/toeic/about/about02.html
TOEICの日本公式ページ、リンクからTOEICの練習問題の学習が可能

TOEIC練習テスト ★★
http://ilc2.doshisha.ac.jp/users/kkitao/class/material/quiz/#toeic
同志社大学北尾謙治氏のTOEIC練習ページ、問題が豊富

TOEICデイリーミニテスト ★★
http://edu.yahoo.co.jp/school/test/toeic_daily/
リスニング、リーディング練習、インタラクティブな画面で詳細解説が付く

英検サンプル問題集 ★★
http://www.eiken.or.jp/kyu_gaiyou/samples.html
5級から1級までのリスニングとリーディングのサンプル問題を提供

Appendix 21-10 英語学習サイト

英語学習サイト（総合）

アルク ★★
http://www.alc.co.jp/
株式会社アルクが提供する総合語学学習サイト

Project-Based Learning with Multimedia ★★★
http://pblmm.k12.ca.us/index.html
コンピュータとマルチメディアを用いたプロジェクト学習のサイト

Activities for ESL Students ★
http://a4esl.org/
日本語・英語の対照サービスもあるESL学習サイト

Dave's ESL Cafe ★★
http://www.eslcafe.com/
非常によく整備され、人気の高いESLサイト

Linguistic Funland ★★
http://www.linguistic-funland.com/tesl.html
英語教育学習総合サイト

英語学習サイト（社会、国際、民族）

The New York Times Learning Network ★★
http://www.nytimes.com/learning/
NYTが提供する英語学習サイト

BBC World Service ★★
http://www.bbc.co.uk/worldservice/learningenglish/
BBCが提供する英語学習サイト

National Geographic: Teachers and Students ★★
http://www.nationalgeographic.com/education/
National Geographicが提供する学習サイト

英語学習サイト（自然、科学、環境）

Expolatorium ★★
    http://www.exploratorium.edu/
    1993年からサービスを提供しているインターネットの自然史博物館

NASA for Students ★★
    http://www.nasa.gov/home/index.html
    NASAの学習サイト、科学・宇宙・天文に詳しい

Discovery ★★
    http://www.discovery.com/
    Discoveryの学習サイト、自然・科学・動物・環境に詳しい

Appendix 21-11　学術関連・インターネット利用

人文系リソースリスト

ARIADNE: Resources for Arts & Humanities ★★★
    http://ariadne.ne.jp/
    二木麻里氏が運営する人文系のインターネットメタリスト

翻訳

AltaVista Babel Fish Translation ★★★
    http://babelfish.altavista.com/
    検索エンジンAltaVistaの提供する翻訳サービス、西ヨーロッパ諸語に強い

Excite翻訳 ★
    http://www.excite.co.jp/world/
    検索エンジンExciteの提供する英和・和英のサービス

コーパス

Web Concordancer ★★
    http://www.edict.com.hk/concordance/
    Brown Corpusや聖書などを検索できるコーパスサービス

小学館コーパスネットワーク ★★★
    http://www.corpora.jp/
    BNCとWordbanksOnlineの検索サービス

コーパス利用の単語・例文検索システム

WebGrep for NESS（英語例文）★★
    http://cow.lang.nagoya-u.ac.jp/program/webgrep/webgrepNESS.html
    名古屋大学杉浦正利氏の開発になるコーパスと検索エンジンによる例文検索

WebGrep for EDICT（英和・和英辞典）★
    http://cow.lang.nagoya-u.ac.jp/program/webgrep/webgrepEDICT.html
    名古屋大学杉浦正利氏の開発になる英和・和英辞典

ホームページ作成

Another HTML-lint gateway ★★★
    http://openlab.ring.gr.jp/k16/htmllint/htmllint.html
    ホームページの文法チェックサイト

とほほのWWW入門 ★★
　　http://tohoho.wakusei.ne.jp/www.htm
　　初心者向けHTML作成講座、詳しい
とほほの色入門・色見本 ★★
　　http://tohoho.wakusei.ne.jp/wwwcolor.htm
　　Webに使う色の見本とコード表
ホームページのおもちゃ箱 ★
　　http://www.cyborg.ne.jp/~yoko/
　　ホームページで使うイラスト、アイコン、アニメーションを提供

インターネット上のHDD

Yahoo!ブリーフケース ★★★
　　http://briefcase.yahoo.co.jp
　　無料で30MBまでのファイルを保存できるサービス
JustSystems InternetDiskASP
　　http://www.justsystem.co.jp/idasp/guide/
　　有料インターネットHDDサービス、2週間無料のトライアルあり

英語学習ソフトウェア

Vector学習＆教育 > 英語 ★★★
　　http://www.vector.co.jp/vpack/filearea/win/edu/english/index.html
　　ソフトライブラリ＆ショップVectorの英語学習関連ソフトウェアリスト
Teach-Nology ★★★
　　http://www.teach-nology.com/downloads/language_arts/
　　英語学習を含む教育関連ソフトウェアのライブラリ
TESOL CALL Interest Section Software List ★★★
　　http://oregonstate.edu/dept/eli/softlist/index.html
　　CALL関連のソフトウェアライブラリ

有料サイト（テレビ、ラジオ）

ABCNews ★★★
　　http://www.abcnews.go.com/Sections/WNT/#realone
　　月額約15ドルで、ABC Newsの主要番組をRealPlayerで見ることができる
Audible ★★★
　　http://www.audible.com
　　パソコンやポータブル音楽プレイヤーへ音声ファイル（新聞、小説など）をダウンロード販売する

Appendix 22 ショートカットキーのまとめ

Lesson 4 でも紹介したショートカットキーは、上手に使うとコンピュータを使うストレスを大きく減らしてくれます。ここではそのショートカットキーをまとめて掲載します。

機　　能	操作方法	役立ち度	コメント
文字操作・ファイル操作など（Windows基本操作）			
コピー（クリップボードへ）	Ctrl＋C	◎	必ずマスターしましょう
切り取り	Ctrl＋X	◎	〃
貼り付け	Ctrl＋V	◎	〃
やり直し	Ctrl＋Z	◎	〃
やり直しの取り消し	Ctrl＋Y	◎	〃
範囲選択を指定	Shift＋→↑←↓（矢印キー）	◎	〃
全選択	Ctrl＋A	◎	〃
ファイル操作			
ファイルをごみ箱へ	Delete	○	
ファイルを完全に削除	Shift＋Delete		慎重に使ってください
ファイルのコピー	Ctrl＋ドラッグ操作	◎	便利です
ファイルの移動	Shift＋ドラッグ操作	○	
ショートカットの作成	Ctrl＋Shift＋ドラッグ操作		
ウィンドウ操作			
コントロールメニューの表示	Alt＋Space		
［ファイル］メニューの表示	Alt＋F	○	
［編集］メニューの表示	Alt＋E	○	
アクティブなウィンドウの切り替え	Alt＋Tab	◎	
アクティブなウィンドウの切り替え（逆順）	Alt＋Shift＋Tab		
アプリケーションの終了、ウィンドウを閉じる	Alt＋F4	◎	とても便利です
エクスプローラやWord、IEを閉じる	Ctrl＋W	◎	〃
入れ子状に開いた窓を一気に閉じる	もっとも深い窓でShift＋クローズボタン	◎	〃
Windowsの操作			
ヘルプを表示	F1		
選択した項目の名前を変更	F2	○	
ファイルまたはフォルダの検索	F3	◎	ファイルの所在がすぐに分からなくなる方に
エクスプローラやIEで、アドレスバーの一覧を表示	F4		
アクティブウィンドウを最新の情報に更新する	F5	○	
ウィンドウ内のアクティブな領域を変更	TabあるいはF6		
スタートメニューの表示（ウィンドウズキー）	Ctrl＋Esc	○	小型ノートパソコンの方に
デスクトップの表示（すべてのウィンドウを最小化）	ウィンドウズキー＋D	◎	とても便利です
マウスの右クリック機能	Shift＋F10		
項目内の移動	Tab	○	ファイル操作を頻繁に行う方に
項目内の移動（逆順）	Shift＋Tab	○	〃
選択（シングルクリック）	Space	○	
選択（ダブルクリック）	Enter	○	
日本語入力（入力モード）			
（直接入力のとき）日本語入力モードへ	(Alt＋)半角/全角	◎	XPの場合は半角/全角キーのみ
（日本語入力のとき）直接入力モードへ	(Alt＋)半角/全角	◎	XPの場合は半角/全角キーのみ
日本語入力（変換操作中）			
ひらがなに変換	F6	◎	必ずマスターしましょう

全角カタカナに変換	F7	◎	必ずマスターしましょう
半角に変換	F8	◎	〃
全角英数に変換	F9	◎	〃
半角英数に変換	F10	◎	〃
再変換	範囲指定の後　Shift＋変換	○	
文節の切り直し（MS-IMEの場合）	Shift＋←→	○	
文節の移動　　（　　　　　）	←→	○	
ウェブ・ブラウザ(Netscape, IEなど)			
お気に入りに追加	Ctrl＋D	◎	とても便利です
新しいウィンドウを開く	Ctrl＋O	◎	
アウトルック・エクスプレス			
メッセージの送信者へ返信	Ctrl＋R	○	各自のメールソフト固有のキー操作を調べましょう
全員へ返信	Ctrl＋Shift＋R	○	〃
転送	Ctrl＋F	○	〃
メッセージの送受信	Ctrl＋M	○	〃
署名の挿入	Ctrl＋Shift＋S	○	〃
メッセージの送信	Ctrl＋Enter	○	
Wordショートカットキー(文書編集中、文字操作)			
コピー（クリップボードへ）	Ctrl＋C	◎	必ずマスターしましょう
切り取り	Ctrl＋X	◎	〃
貼り付け	Ctrl＋V	◎	〃
やり直し	Ctrl＋Z	◎	〃
やり直しのキャンセル／直前の操作のくり返し	Ctrl＋Y	◎	〃
全選択	Ctrl＋A	◎	〃
印刷	Ctrl＋P	◎	〃
範囲選択を指定	Shift＋→↑←↓（矢印キー）	◎	〃
選択文字列のコピー	Ctrl＋ドラッグ操作	◎	〃
選択文字列の移動	Shift＋ドラッグ操作	◎	〃
強制改ページ／新セクションを挿入	Ctrl＋Enter	◎	〃
検索文字列指定	Ctrl＋F	◎	〃
Wordショートカットキー(文書編集中、ファイル操作)			
文書の保存	Ctrl＋S	◎	必ずマスターしましょう
文書の呼び出し	Ctrl＋O	◎	〃
新規文書の作成	Ctrl＋N	◎	〃
印刷	Ctrl＋P	◎	〃
Wordマウスクリック(文書編集中)			
シングルクリック	入力位置(バーチカルバー)の移動		
ダブルクリック	単語をハイライト（反転）	◎	
トリプルクリック	段落をハイライト（反転）	◎	
Windows共通カーソル移動(文書編集中)			
文字単位の移動	→↑←↓（矢印キー）		
単語単位の移動	Ctrl＋→↑←↓（矢印キー）	◎	とても便利です
行の先頭に移動	Home	◎	〃
行の末尾に移動	End	◎	〃
文書の先頭に移動	Ctrl＋Home	○	〃
文書の末尾に移動	Ctrl＋End	○	〃
前のページに移動	PageUp	○	
後のページに移動	PageDown	○	
その他			
CD-ROMの自動再生をキャンセル	Shift＋CD-ROMの挿入		コンピュータに勝手をさせたくない方へ

索　引

以下の索引は学習活動ごとに整理してあります。理解しやすいように、事項によっては新たに項目を立てて関連事項をまとめました。アルファベット50音順を原則としましたが、細部では出現順あるいは重要度の高い順に並べ替えた部分もあります。この索引と冒頭の目次を参照して、本書の内容にアクセスしていただきたいと思います。

コンピュータとネットワーク

Excelで作る単語帳　60
HTML文書/ファイル　26, 28
URL　26
USBメモリ　98
Webブラウザ　26
　Netscape　28
　お気に入り　27, 89
　文字化け　88
Webページ
　Webサーバ　32
　保存　27, 87
　文字検索　49
　画像の保存　87
WordとExcelの連携　61
印刷　8
ウィルス　89
音声ファイル　76
オンライン・ソフトウェア　91
　Vector　87, 92
　窓の杜　87, 92
ショートカットキー　8, 108
　文字列のコピー・移動　8
　やり直しと取り消し　9
書式設定　22
セキュリティ　88
タイピング
　MIKATYPE　4
　ホームポジション　4
電子メール　34
　cc.機能　37
　Webメール　35
　同報通信　37, 86
　メールソフト　34
　メール転送　35
　添付ファイル　36
　メーリングリスト　84, 86
　メールサーバ　34
　マナー　83, 84, 85
入力方法　7
　直接入力　7
　日本語入力　7
　ローマ字入力　11
表計算ソフト　60, 90
ファイル転送　32, 33
　FTP　32
ファイルとフォルダ　3, 23
ホームページ作成　28
　写真を挿入　30
　ハイパーリンク　29
　絶対パスと相対パス　31
迷惑メール

スパムメール　85
チェーンメール　85
文字飾り　9
　イタリック体、ボールド体　9
　右寄せ、中央寄せ、左寄せ　10
　文字サイズ　9
　文字列の位置調整　10
ユーザ認証　1
　パスワード　1, 3

英語の学習活動

インターネットを読む
　情報の評価　62, 64
　ニュース記事　68, 70
　英語表現の検索　52, 53, 56, 57
英文を書く
　パラグラフ　12
　自己紹介文　13
　　　　Rough Draft　15
　手書きで　17, 18
　コンピュータで　22, 24
　ホームページに　28, 29, 30
　電子メールに　34, 35, 36, 37
　エッセイ　20
　留学への自己推薦文　20
　その他のエッセイ課題　21, 23
　エッセイをホームページに　28
辞書（オンライン、電子）　80
書式設定　22
書式の重要性　25
自立した学習者　57
スペルチェックと文体チェック　23
パラグラフとエッセイ
　論理的な　19
　一貫性　16, 82
　原因と結果　19
　時間軸に沿って　19
　統一性　16, 82
　比較と対照　19
　分類して　19
　つなぎ言葉　21
引き出しの数　43
プレゼンテーション　38, 40
　Body Language　41
　PowerPoint　40
プロセスライティング　12, 15, 38, 82
　ブレインストーミング　12
　主題文　12, 14
　アウトライン　14, 38, 82
　内容と構成を向上させる　15
ホームページ作成　28

リーディング　42
　スキーマの活性化　43
　スキミング　42
　スキャニング　42
リスニング　74
　英語の発音に慣れる　74
　VOA, BBC　76, 77
　NHK, PBS, スピーチ　78, 79
　ニュース英語　74, 77

調べる、評価する

オンライン辞書　80
コーパス検索　52
　KWICとは何か　56
　British National Corpus（BNC）　57, 58
　Web Concordancer　57, 58
　Webページをコーパスと見なす　52
　オンラインコーパスサービス　57
　コーパスを作る　59
　コーパス検索サービス　56
　コンコーダンサ　56, 95
　コンコーダンス　56
記事検索
　Lexis-Nexisを使って　68
　時事記事提供サイト　96
　ニュース記事取得の実際　72
情報検索　44
　サーチ・エンジン　44, 48
　ディレクトリ・サービス　44, 46
　ブール論理　48
　アドバンスト・サーチ　49
情報の評価　62
　ホームページの精読　62
　情報の質　63
図書館　45, 50, 68, 71, 97
文献検索　50, 97
　OPAC　50
　専門書誌データベース　51
　オンライン書店　51

その他

コンピュータ倫理に関する十戒　25
性別や性差　84
著作権　30, 84, 87, 90
電子メールの安全性について　37
電子メールのマナー　83, 84, 85
プレイジャリズム　82

参考文献

Gould, C. (1998). *Searching Smart on the World Wide Web: Tools and Techniques for Getting Quality Results,* Berkley, California: Library Solution Press.

Oshima, A. and A. Hogue (1991) *Writing Acdademic English, Third Edition.* New York: Pierson Education.

青柳忠克（1992）『情報とは：中・高校生からわかる情報の話』産業図書.

アリアドネ（編）（1996）『調査のためのインターネット』ちくま新書.

アリアドネ（編）（1999）『思考のためのインターネット』ちくま新書.

安藤進（2003）『翻訳に役立つGoogle活用テクニック』丸善.

池田祥子（1995）『文科系学生のための文献調査ガイド』青弓社.

海野敏・田村恭久（2002）『情報リテラシー』オーム社.

小笠原善康（2002）『大学生のためのレポート・論文術』講談社現代新書.

小笠原善康（2003）『大学生のためのレポート・論文術：インターネット完全活用編』講談社現代新書.

木下是雄（1981）『理科系の作文技術』中公新書.

慶応大学日吉メディアセンター（編）（2002）『情報リテラシー入門』慶応義塾大学出版会.

斎藤孝・佐野眞・甲斐静子（1989）『文献を探すための本』日本エディタースクール出版部.

齋藤俊雄・中村純作・赤野一郎（編）（2005）『英語コーパス言語学：基礎と実践』研究社.

シュウォーツ，マリリン・全米大学出版局協会バイアスフリーの用語法検討委員会〔前田尚作訳〕（2003）『バイアスフリーの英語表現ガイド』大修館書店.

情報アクセス研究会（編著）（1995）『現代人のための情報収集術』青弓社.

菅谷明子（2000）『メディアリテラシー』岩波新書.

杉田米行（編）（2004）『インターネットの効率的学術利用』成文社.

鷹家秀史・須賀廣（1998）『実践コーパス言語学：英語教師のインターネット活用』桐原ユニ.

鐸木能光（1999）『インターネット時代の文章術』SCC.

中尾浩・赤瀬川史朗・宮川進悟（2002）『コーパス言語学の技法Ⅰ：テキスト処理入門』夏目書房.

赤瀬川史朗・中尾浩（2004）『コーパス言語学の技法Ⅱ：言語データの収集とコーパスの構築』夏目書房.

長田秀一・菊地久一・板垣文彦（1999）『情報リテラシー教育：コンピュータリテラシーを超えて』サンウェイ出版.

二木麻里・中山元（2001）『書くためのデジタル技法』ちくま新書.

古瀬幸広・廣瀬克哉（1996）『インターネットが変える世界』岩波新書.

矢野直明（2000）『インターネット術語集』岩波新書.

矢野直明（2002）『インターネット術語集Ⅱ』岩波新書.

山内祐平（2003）『デジタル社会のリテラシー』岩波書店.

三輪眞木子（2003）『情報検索のスキル：未知の問題をどう解くか』中公新書.

村山皓・赤野一郎（編）（1997）『大学生活のためのコンピュータリテラシー・ブック』オーム社.

英語学習のための 情報リテラシーブック
ⒸNISHINOH Haruo, 2005

NDC 375　120p　26cm

初版第1刷──2005年4月25日

著者────西納春雄
発行者────鈴木一行
発行所────株式会社 大修館書店
　　　　　　〒101-8466　東京都千代田区神田錦町3-24
　　　　　　電話 03-3295-6231 販売部／03-3294-2355 編集部
　　　　　　振替 00190-7-40504
　　　　　　[出版情報]　http://www.taishukan.co.jp

装丁者────岡崎健二
印刷所────文唱堂印刷
製本所────難波製本

ISBN4-469-24502-X　Printed in Japan
Ⓡ本書の全部または一部を無断で複写複製（コピー）することは、著作権法上での例外を除き禁じられています。